细说中国史

细说

史振河山
之
汉朝

兰　星◎编著

团结出版社
UNITY PRESS

图书在版编目（CIP）数据

史振河山之汉朝 / 兰星编著. -- 北京 : 团结出版
社, 2024.1
　（细说中国史）
　ISBN 978-7-5234-0314-3

　Ⅰ.①史… Ⅱ.①兰… Ⅲ.①中国历史—汉代—通俗
读物 Ⅳ.①K234.09

中国国家版本馆CIP数据核字(2023)第140327号

出　版：团结出版社
　　　　（北京市东城区东皇城根南街84号　邮编：100006）
电　话：（010）65228880　65244790（出版社）
　　　　（010）65238766　85113874　65133603（发行部）
　　　　（010）65133603（邮购）
网　址：http://www.tjpress.com
E-mail：zb65244790@163.com（出版社）
　　　　fx65133603@163.com（发行部邮购）
经　销：全国新华书店
印　刷：三河市金兆印刷装订有限公司

开　本：710毫米×1000毫米　16开
印　张：12
字　数：200千字
版　次：2024年1月　第1版
印　次：2024年1月　第1次印刷

书　号：978-7-5234-0314-3
定　价：39.80元

序　言

　　中国是一个拥有悠久历史和灿烂文明的国度，中国作为世界上最古老的文明古国之一，拥有着灿烂辉煌的文化和悠久的历史传承。从五雄争霸之春秋到军阀混战之民国，中国历史如同一幅波澜壮阔的画卷，展现了数千年的辉煌与沧桑。

　　历史的巨轮滚滚向前，在人类历史的长河中，中国历史起着十分重要的作用，并具有其独特的历史地位。这不仅体现在其悠久的历史传承上，更在于它对人类文明的发展产生的深远影响。中国历史可以追溯到数千年前。在这漫长的历史长河中，中国经历了历朝历代的更迭，从夏朝的建立到清朝的灭亡，每个朝代都有其独特的政治、经济、文化等特色。这些朝代的兴衰变迁，不仅是中国历史的重要组成部分，更是人类文明发展的重要见证。

　　这部《细说中国史》系列丛书旨在为读者呈现一幅全面而细致的中国历史图景。以通俗易懂的语言，结合丰富的史事，尽力做到还原历史原貌。

　　另外，历史各期的政治制度、经济发展、科技创新、文化艺术等方面都有着丰富的内涵和独特的魅力。通过了解这些，读者可以更好地理解中国的现代化进程，以及中国历史在世界历史舞台上的地位和影响力。

　　同时，本系列丛书也将关注历史背后的社会背景和文化传承；探讨源远流长的中国文化，如儒家、道家、佛教等思想流派的兴起与传承；展示中国科技的辉煌成就，如四大发明、丝绸之路的开辟等。

　　本系列丛书可以让读者穿越历史的时空，追溯历史的起源，探索历朝历代的荣辱兴衰，感受历史人物的悲欢离合，并寻找历史规律，从而以史为镜，正己衣冠。

总之，衷心希望这部《细说中国史》系列丛书能帮助读者更好地了解中国的历史和文化，并感受其独特的魅力。

　　由于历史的复杂性和多样性，这部《细说中国史》系列丛书难以涵盖所有方面，不免挂一漏万。同时，历史研究也在不断发展和更新，我们将尽可能参考最新的学术研究成果，尽量做到准确且客观地叙述。期待读者在阅读过程中提出宝贵的意见和建议，诚挚感谢。

目　录

第一章　楚汉争霸

刘邦入关，秦朝灭亡 / 001

项庄舞剑，意在沛公 / 005

萧何荐韩信 / 009

楚河汉界 / 012

霸王别姬 / 017

狡兔死，良狗烹 / 021

白马之盟 / 026

第二章　汉朝建立

休养生息政策 / 032

蔡伦发明造纸术 / 035

汉承秦制 / 039

刘吕相争 / 043

灭绝人性的"人彘"惨案 / 047

周勃灭诸吕 / 052

文景之治 / 056

七王之乱 / 060

千古君王汉武帝 / 064

第三章　汉武盛世

罢黜百家，独尊儒术 / 070

飞将军李广 / 074

铁盐官营 / 078

击败匈奴 / 082

张骞出使西域 / 086

苏武牧羊 / 091

巫蛊之乱 / 096

第四章　兴久必衰

霍光辅政 / 101

昭君出塞 / 107

历史上唯一的民选皇帝 / 111

西汉灭亡的原因 / 116

第五章　东汉王朝

外戚摄政，王莽夺权 / 121

绿林赤眉起义 / 125

张衡的天文地理观 / 129

昆阳之战 / 133

刘秀建立东汉 / 136

光武中兴 / 139

外戚和宦官的专权 / 143

党锢之祸 / 149

班超出使西域 / 153

司马迁写《史记》/ 156

王充和“无神论” / 159

第六章　大汉谢幕

张角的崛起 / 164

十常侍与何进、袁绍军团的碰撞 / 169

董卓之乱 / 174

三国鼎立，大汉谢幕 / 178

第一章　楚汉争霸

刘邦入关，秦朝灭亡

公元前 206 年，刘邦攻破武关。此地离咸阳不远。赵高仗着秦二世的祖护为非作歹，党同伐异。朝堂上下大小官员都非常忌惮他，没有一个人敢说他的不是。他先是挑唆秦二世杀死丞相李斯，后又想法除掉异己。自此独断专行，霸揽天下。

秦二世也在赵高的精心安排之下每日沉溺在声色犬马当中。亲兵在关东就被义军打得节节败退，一直到公元前 207 年，关东地区已经全部被义军攻占，在秦王的控制范围内就只剩下关中一隅。

面对着这样的局面，秦二世心惊胆战，派人让赵高发兵抵抗。赵高一看形势不利于自己，如果秦二世知道了自己所做的那些勾当，定不会放过自己。于是他秘密策划宫廷政变，让心腹逼死秦二世。

这个时候，刘邦在咸阳城已等候多时。

当初，秦国的大将军章邯大破项梁的大军，而后攻打赵国，取得了胜利。楚怀王将宋义任命为上将军，号称"卿子将军"，项羽为次将，范增为末将，率领义军的主力北上救赵。同时，要趁秦军的主力在关中空虚之机，派偏师向关中进军，意欲直接拿下咸阳。

秦军当时的力量仍非常强大，各将都不敢轻举妄动，抱着观望的态度。楚怀王为了鼓舞将士，便与诸将约定谁先进入关中，就把他封为关中王。

项羽这时候正对秦军杀死他的叔父项梁之事仇恨不已，因此很想直接进攻关中的秦兵，只是遭到了楚怀王手下几位老将的反对，他们觉得项羽的性格比较暴躁，相比之下刘邦会更合适。

刘邦收陈胜、项梁散兵四万余人，西进咸阳。

因此刘邦在这次战略部署当中得到了很多好处。在巨鹿项羽牵制着秦朝大部分的兵力，所以在刘邦入关的路途上势如破竹。

刘邦出彭城，直下咸阳，在杠里大败秦军，还收编了武侯一支四千人的义军。绕过了昌邑，转向西南的高阳。

在高阳，有位叫作郦食其的儒士，已年过六十，做的是里门看守的工作。他十分想见刘邦，希望给刘邦出谋划策。虽然刘邦平生最讨厌儒士，但还是接见了他。

郦食其毫无保留地提出了夺陈留之计：您的部下大多是纠合起来的百姓，如果就凭借着这些力量径直向西进攻强大的秦朝军队，无疑是自投罗网。陈留交通比较发达，城中也屯了很多的粮食。我和陈留县令私交甚好，因此我请求出使陈留，劝他拱手让城。如果说他不肯，那您再举兵攻城，我也可以做内应。

刘邦思虑过后还是接受了郦食其的建议。后来陈留县令拒降，郦食其便将其杀掉，接应刘邦进入陈留，刘邦因此获得了大量的粮草和兵马。不久，刘邦军继续往西南攻破颍阳。

颍阳一破，入关路线的问题就摆在眼前。最近的路线是将洛阳攻下，沿着黄河南岸向西攻入函谷关，直接将咸阳捣毁。只是这条道路是东西陆路交通主线，同时也是控制关东六国的主要干线，往往都是由重兵把守。而以刘邦不足二万的兵力，是很难攻破洛阳和函谷关的。

这时候，巨鹿之战也大获全胜。公元前206年，项羽在洹水南部的殷墟接受了进退两难的章邯的投降，随后沿着黄河南岸浩浩荡荡向咸阳进军。

度过危险期的赵国，打算入关。刘邦为了阻止赵军渡河西进，就联合张良引兵，考虑到想要尽快入关，但是秦兵目前的兵力也较强，于是便决定先攻下宛城，以解后顾之忧。

刘邦采纳张良的意见，当夜便引兵绕道回师，偃旗息鼓，悄然行军。第二天黎明，就将宛城团团围住。南阳郡守第二天醒来看到城外密密麻麻的军队包围着城池，大惊失措，陈恢即刻出城拜见刘邦，说：如果您停下来全力攻城，那么士卒必然会死伤很多；但是如果避开宛城西去，宛城的兵力必然要从后方袭击你们。倒不如和守城的官吏来个约定，封赏愿意归降的官吏，并且让他们继续留任，收编他们的兵力西向。这样的话，所过各城一定都会闻声开门受降，西行的道路也会非常顺利。

刘邦觉得陈恢的建议十分有道理，于是就接收了郡守的投降，并封陈恢千户。

刘邦没有浪费一兵一卒便取了宛城，将后顾之忧解除的同时还增强了兵力。一行人浩浩荡荡继续前进，所到之处，守令纷纷投诚。

赵高弑主之后，将秦国的大臣都召集起来，对他们说：现如今的局势，秦国已经不能再挂着皇帝的头衔当众矢之的了，而是要像以前一样称王。于是他便推选秦二世的侄子子婴当皇帝。

大臣们对赵高的建议没有一个不持支持意见的，而子婴就成了秦国最后一位统治者。子婴的性格仁爱且节制，假如不是秦朝败亡，这个王位自然轮不到他。子婴知道赵高将秦二世杀害以后拥立自己做皇帝只是因为赵高自己想要做王，但是又害怕大臣和诸侯反对，因此才假意让自己承袭。

子婴并非是个懦弱之人，相反他有着非常坚毅的一面。即位的当天，子婴便派人告诉赵高，自己因为生病就不出面了。在这个节骨眼上，赵高当然非常着急，虽说实权是掌握在他手中的，可是这表面功夫还是需要做足的。于是便亲自上门催促，就在这时候，埋伏在子婴家中的家将冲了出来，乱刀杀死了赵高。

赵高死后，子婴又下令将赵高的全家都赐死，然后派出五万兵马守在峣关，以抵挡前来入侵的刘邦。

刘邦率领着军队到了峣关之后，看到这里被秦军的重兵守卫，假如强攻的话一定会损失惨重，因此派兵在峣关周围的山头上插满旗子，布作疑兵。之后派出将军周勃带领全部的人马绕过峣关的正面，从东南侧面杀了进去。

峣关的秦军中计，起初把重兵全都集中在正面方向，后来发现了中计之后已经来不及了，随即被刘邦的军队逼入关内两面夹击，最终全军覆没。

刘邦的军队进关以后直接来到灞上。而这时候的子婴手里已经没有兵可用了，颓废的王朝并没有在他的手里发生奇迹，于是他选择了投降。

刘邦进入咸阳以后，部将都劝他杀掉子婴，但是刘邦说要以宽厚之心待人，子婴都已经投降，如果再杀他就会让天下人说自己心狠手辣。于是，刘邦没收了玉玺，并将子婴交给将士们看管。

伴随着子婴投降的那一刻起，秦始皇所建立起来的强大王朝，在维持了15年的时间之后，宣告结束。

局势分析

秦朝灭亡的原因有很多。当时广大农民的利益被损害，只是基于农民在政治上的局限性，使得这些起义不足以对秦朝的国本造成动摇，就是说最起码还不至于导致秦朝灭亡过快。陈胜吴广的农民起义就是很好的例子。

其次便是秦朝的政治制度。例如，郡县制就严重损害了封建贵族的利益，最具代表人物的就是项羽，项羽是前楚国封建贵族的后裔。因此，秦朝建立以后，这些人时刻都想着反扑。

综合以上的原因，秦朝的灭亡就是暴政损害了农民的利益，再加上政治制度损害了前封建贵族的利益之后，两个"后者"共同作用的结果。

而刘邦入关的意义在于：第一，刘邦他终于有了自己的军队，并且有了一套非常娴熟的管理艺术；第二，刘邦还有其他军事领袖所不具备的政治视野。

说点局外事

在进入咸阳以后，刘邦在将士们的陪同下，去了阿房宫内。富丽堂皇的宫殿、华美的装饰……刘邦被这般晃眼的富贵迷了双眼，他在宫里待了一会儿，就不想再离开了。

这时候刘邦的部将樊哙求见，当他看到刘邦狭隘的神情便心急了，于是拉着刘邦说：沛公要打天下呢，还是要当富翁？正是这些华丽奢侈的东西让秦朝灭亡，您还要这些干吗，不如快回到军营去！

正好这时张良也走了进来，他听到樊哙的话，就转身对刘邦说：忠言逆耳利于行，良药苦口利于病。樊哙说得很对，还是希望您能够听从他的劝告。

刘邦一向都很尊敬张良，听了他的话，马上就醒悟过来，急忙带着将士们回到了灞上。到灞上之后，刘邦专心处理政务，也知道了下面士兵的情况，连忙加以约束。接着又将咸阳城附近各县的头领召集在一起，跟他们约法三章：其一，杀人者偿命；其二，打伤人者治罪；其三，偷盗者治罪。而将秦国的其他法律禁令全部废除。

尽管就是这简单的法令，但是却树立了新政权威严公正、取信于民的形象。附近的百姓听到刘邦的约法三章，都非常高兴。从那个时候起，刘邦的军队给关中的百姓就留下了非常好的印象。

项庄舞剑，意在沛公

随着刘邦的壮大，终于把他推向了和项羽对立的局面。项羽和刘邦都想要建立一番自己的大业，成为一代霸主。但是一山容不得二虎，所以他们两个人之间只能存在一个。随着刘邦势力逐渐地壮大，二人之间的明争暗斗就此拉开了序幕。

刘邦在入关之后，就召集当地的名士和他们进行约法三章（杀人者死，伤人及偷盗者治罪），这使得他民心所向。

项羽在漳污之战接受了章邯的投降，看到秦国已经大乱，于是就想尽快打到咸阳去。大军到了新安，投降项羽的秦兵也开始在军中议论说：我们的家就在关中，如果我们打进去，那么受灾难的还是我们自己。但要是我们不打进去，那么楚军就会把我们带到东边去，我们的一家老小也都会被秦朝杀死，这可怎么办。

部将们听到这些议论，便去报告项羽。项羽担心管不住这些秦国的降兵，因此就起了杀心，除了章邯和两个降将以外，一夜间，就有二十多万的秦兵被活埋。从此，项羽的残暴便出名了。项羽的大军到了函谷关，看到关上有兵在把守不让进去。守关的将士说是奉了沛公的命令，不管哪一路的军队都不能入关。

项羽非常生气，他命令英布等人率兵攻破函谷关，十二月到达离咸阳城百里的新丰、鸿门，在那里驻扎。刘邦左司马曹眼见项羽实力雄厚，威震各

路诸侯。马曹为了能够博取项羽的好感，便派人向项羽报告说刘邦想要在关中称王，并且把秦王的子婴任命为相，将关中的珍宝玉器全部都掠走了。

项羽知道了这个消息以后非常愤怒，于是便打算第二天就出击攻打刘邦，范增也曾经向项羽建议：刘邦在山东居住的时候就是贪图好色之人，先入关以后关中的珍宝被他掠夺得所剩无几，连妇女都被他糟蹋了，如此气焰嚣张，应当立马铲除以绝后患。项羽听后非常愤怒，便采纳了范增的建议，准备第二天展开对刘邦的进攻。

但是项羽要进攻刘邦的决定却被项羽的季父项伯秘密告知了刘邦的重要谋士张良。张良为刘邦引见了项伯。狡猾的刘邦便趁机向项伯表示自己对项羽是多么的尊敬和忠诚，并且极力表白自己进关以后不会私取任何财物，还查封了秦朝的府库，并且派遣重将守关，防止他人抢盗。他不敢擅作主张，一切都恭候项王到来以后发落。

项伯回到楚营以后，对项羽说："因为沛公先进入关中，为我们扫除了入关的障碍，我们这才能顺利地通过函谷关，沛公是有功之人，我们不应该猜疑他，应该对他真诚相待。"项羽听了项伯的陈述，马上决定暂时不向刘邦的军队进攻。可是在范增的劝说之下决定在鸿门搭设宴席，并借着刘邦赴宴的机会，将刘邦杀死。

刘邦接到了项羽的邀请后，便率领张良、樊哙、纪成、夏侯婴等部下前去赴会。刘邦见到项羽便恭恭敬敬地拜谢，并且说了一大堆恭维项羽的话，还不失时机地向项羽表达了自己的忠诚，说："我和将军一起攻打秦国，将军在黄河以北作战，我在黄河以南作战，但是我自己也没有料到能先进入关中，灭掉秦朝，还能在这里见到将军。现在有一些小人从中作梗，才令你我之间产生了误会。"

项羽本就是性情中人，一见刘邦竟然亲自上门来道歉，气差不多就已经消了大半，两人本就是旧识，心里便不再有隔阂，并且以略带着惭愧的口气说道："都是听了你的部下曹无伤的谗言，否则也不会这样。"

当天晚上，刘邦便被项羽留在了军营喝酒，同时还请范增、张良和项伯作陪。范增早就看出了刘邦的威胁，因此一直劝说项羽把刘备杀掉以绝后患。

范增是个足智多谋的人，在刘邦没有攻入咸阳之前，贪图财物，喜好美女。但是进入关中以后就像是变了一个人，突然很清白廉洁，这就足以看出他野心勃勃。

在宴席间，范增一个劲儿地给项羽暗示，不断给项羽使眼色，还故意把他身上佩戴的玉饰拿在手上把玩，让项羽趁机将刘邦杀掉，但是项羽无动于衷，假装什么都没看见。

范增看他不忍心下手，便找了个理由出了营门，然后把项羽的堂兄项庄找来说："大王心肠太软，你进去给他们敬酒，借机将刘邦杀掉。"项庄本就主张杀刘邦，随即点头应诺，等到进去向刘邦敬了酒以后，便说："军营里也没有什么娱乐的，就让我为将军舞剑助兴吧。"说完，也不等刘邦答应，就将佩剑拔出舞了起来。舞着舞着便舞到了刘邦面前。

这时候，一边作陪的项伯看出了项庄舞剑的用意是想要将刘邦杀掉，于是也站起来说："咱们两人来对舞吧。"说完项伯便拔出剑开始舞起来，一边舞剑，一边用身子护住刘邦，这才使项庄无法行刺刘邦。

一边的张良看出情势非常紧张，就急忙向项羽告便离开了酒宴，走到营外去找樊哙。樊哙看张良出来，连忙上前问沛公怎么样。张良大汗淋漓，急忙把内间的危机情况都告诉了樊哙，说：项庄正在舞剑，看来他们要对沛公下手了。樊哙非常着急，一手拿起剑一手抱着盾牌就径直冲进去。卫士们想要阻拦，但是却被樊哙用盾牌一顶，全部都被撞倒在地上。

樊哙拉开帐幕，生气地闯进去，望着项羽，头发都快直立了起来。项羽看到樊哙这番模样非常吃惊，按着佩剑问道："你是什么人，为什么到这里来?"这时候张良也跟了进来，抢上前说道："将军不要怪罪，这是替沛公驾车的樊哙。"

项羽一听觉得这人不错，一个驾车的居然有这样忠心护主的胆魄。便笑着赞道："好一个壮士。"于是吩咐侍从赏赐给他一杯酒和一只猪腿。

樊哙倒是也不客气，大大咧咧地坐下来一边喝酒一边愤愤地对项羽吐快，言之凿凿，直说得项羽无话可说。樊哙是个粗人，一些言理据争的话哪能是他能说出来的，分明就是刘邦借着他的怒气说出来的。由此可知在来鸿门宴以前刘邦可没少在樊哙身上下功夫。

酒过三巡，刘邦起来上厕所，张良和樊哙也跟着出来。出了门，刘邦知道不能再留了，于是留下一些礼物交给张良，要张良和项羽告别，自己便带着樊哙从小道逃回到灞上。刘邦走了没一会儿，张良才起身进帐，并且对项羽说："沛公的酒量太小了，刚才喝醉了就先回去了。只是他叫我献白璧一双给将军；玉斗一对，给亚父。"

项羽也明白刘邦是害怕自己杀他，不由得心生惭愧，但是也不好说什么。于是就收下了礼物。酒席散后，范增拿着刘邦送给他的玉斗回到营帐，顿时怒气发作，恨恨地把它们摔在地上，砸得粉碎，叹息道："将来夺取天下的必定是那刘邦，我们就等着做俘虏吧！"

就这样一场剑拔弩张的宴会，就这样结束了。

局势分析

刘邦最终能逃脱，不只是因为项羽的优柔寡断，也因为刘邦对局势的精准掌控。

刘邦起身去茅厕后一去不归，一个前来告罪的人这样做自然不礼貌。但他却认为这是最好的逃脱之机。大行不顾细谨，大礼不辞小让。刘邦并没有盲目地逃走，更没有大张旗鼓地离开，而是先命张良留下来，并且让他奉礼辞谢，以确保项羽不会发怒。并且让张良等到自己已回军营再去向项羽报告，以确保自身的安全。然后丢下随从和车辆，与樊哙等人顺着骊山脚下取道芷阳抄小道悄悄离开。

张良的谋略与口才这时派上了大用场。最终张良出色地完成了善后工作。

由此可见，整个过程既有精心的准备也有随机应变。虽然刘邦从始至终都处在弱势状态，但主动权一直都在他手中，可谓是一次极其成功的危机应对。尽管危险重重，但是一切都在刘邦的掌握之中。

说点局外事

在鸿门宴之后，项羽和刘邦的关系也得到了缓和，刘邦也因此得到了喘息的机会。项羽借着盛大的军威，向咸阳进军。进入咸阳以后，项羽实施的一系列暴行让他从此失去了民心。

楚军在进入咸阳以后竟然进行屠城，并杀了王子婴，烧毁了阿房宫，将财物和妇女悉数掳走。烧杀抢掠，无恶不作。这让秦朝的百姓大失所望，百姓开始惧怕项羽会成为关中王。而刘邦和项羽比起来，又是另一种做法。

刘邦入城后，约法三章；军纪严明，所到之处秋毫无犯，军队在进入咸阳以后封府库；对于秦王以及秦朝降官的政策也都比较宽厚。在这样的两相对比当中，百姓的心之所向不言而喻。秦人有了"唯恐沛公不为秦王"的殷切希望。

萧何荐韩信

在鸿门宴时，刘邦因势力不及项羽，因此聪明的他选择了上策——暂时退出，把偌大的咸阳留给了项羽。而项羽攻入了咸阳之后，全国的起义军也就都聚集在了一起。项羽这时候已经成了义军的统帅，但是项羽因为不喜欢读书，所以目光也就没有那么长远。在秦朝被灭掉之后，项羽便决定重新划分一下封地，他的这一划分，将统一的中国弄得四分五裂。

当时义军的首领还是楚怀王，只不过是名义上的而已；项羽将楚怀王的称呼改成义帝，只不过也只是在表面上承认他是帝，实际上一切事情都要听从项羽的主张。项羽把六国的贵族和有功的将领一共封了 18 个，而他自己则号称西楚霸王。

"霸王"一词来自春秋时期，项羽自称霸王，等于宣布他要统领其他诸侯。第二年，项羽就杀了楚怀王这个只是挂着名号的义帝。这样一来，最大的掌权者便是他这个霸王了。

分封完诸侯以后，各国的诸侯都带兵回到了自己的封国，项羽也回到了他自己的封地——西楚的都城彭城。

在这些诸侯当中，要说项羽最忌讳的，非刘邦莫属。项羽忌讳刘邦是因为刘邦身边有很多的谋臣之士，所以后来在分封的时候，项羽专门把刘邦分封到比较偏远的巴蜀和汉中，刘邦因此被称为汉王。之后又把关中地区封给秦国的那些降将们，让他们在三面围住刘邦。可见，项羽为了对付刘邦，真

是没少花心思。

但是刘邦毕竟不是吃素的，他怎么可能会满意被封到那么偏远的地方，他可是想要得天下的人。只不过此时的刘邦还没有实力和项羽对抗，所以只能忍气带着人马去往他的封地都城南郑。

刘邦到了南郑之后，因为身边的将士大多是齐国人和楚国人，他们在这里水土不服，又非常思念自己的故乡，因此情绪不是很稳定。一些人经常聚在一起唱家乡的歌曲。

还有一些将士不愿意再跟着刘邦待在南郑了，纷纷逃到了自己的家乡。将领逃亡的也有数十人。韩信见此情形非常着急，于是就向刘邦建议说："项羽分封有功的诸将为王，而唯独将您封到南郑这个偏远的地方，这是对您的报复。您的将士都是太行山以东一带的人，他们因日夜思念自己的故乡而返归故里，因此，您可以利用将士们这种思乡的情绪，所向无敌，建立大业。等到天下安定，人们都想安居乐业的时候，就再也很难组织起这么一支能征善战的军队了。您应当赶快东下，和项羽争天下。"

此时的韩信还只是刘邦部下的一名治粟都尉，他的话没有引起刘邦的重视。韩信觉得跟着刘邦在南郑没有前途，也就随着别的将士逃亡了。

当初，在项梁率军渡淮河的时候，韩信带着一把剑加入到项梁的起义军当中，却是个无名小卒，一直都不曾受到重用。韩信曾多次向项羽献计但是都没有被采纳，因此韩信对项羽非常不满。在刘邦去汉中时，韩信听说刘邦非常重视人才，就叛离项羽追随刘邦去了南郑。他曾经犯法当斩，刘邦的亲信夏侯婴刚好路过，韩信对夏侯婴大喊："刘邦不是想要争天下吗？那为何连我这样的壮士也要杀！"夏侯婴停下来问了他几句话，觉得他非常有才干和见识，于是便救了他，并且向刘邦推荐他，当了治粟都尉。治粟都尉是专管后勤粮草的小官，此时的刘邦还未认识到他的才干。

刘邦的丞相萧何曾经和韩信交谈过几次，他非常佩服韩信，认为韩信是个奇才，并曾经几次向刘邦推荐重用韩信，但是始终都没有被刘邦接受。萧何听说韩信逃走了，害怕刘邦失去这个人才，来不及向刘邦报告，就马上亲自去追赶。有的人见到萧何向着将士们逃亡的方向赶去，不了解真相，于是赶紧向刘邦报告说萧丞相也逃走了。萧何一直都是刘邦的左右手，深得刘邦的信任，去南郑就汉王位也是萧何出的主意，刘邦想不到现在萧何也逃走了，这无疑对刘邦是个非常大的打击和损失。

但是过了两天，萧何却忽然回来了。他去拜见刘邦。刘邦看到萧何心里非常高兴，但是外表却装出非常愤怒的样子，他责问萧何为什么逃亡。萧何向刘邦解释了来龙去脉，并趁机向刘邦推荐韩信："其他逃亡的将领都是普通的人才，比较容易得到，唯独韩信，在我们这里是独一无二的人才。假如您想长期做汉王，就用不着韩信这样的人才；但是如果您想要争天下，那么没有人比韩信更加值得信赖了。请您决定自己到底想要走什么样的路，然后再决定要不要用韩信。"刘邦马上说道："我当然愿意东进争天下，不愿意在这里长待。"

于是萧何便趁热打铁劝刘邦：如果决定了东进争天下，假如可以重用韩信，那么一定可以留住韩信；但是如果不加以重用，那么韩信迟早还是会走的。刘邦看到萧何这么推重韩信，于是就向萧何保证说一定会重用韩信的。萧何认为刘邦虽然下了决心要任命韩信为将，但是未必能够充分认识到韩信的价值，于是说："您既然下了决心，给他一个将的头衔，虽然这在您心里已经觉得给了他很高的地位，算是很重用他，但是在我看来，您这样做还是不能留住韩信。"刘邦于是又表示要把韩信任命为大将，萧何拍案称赞刘邦气魄非凡。

为了证明自己的确是想要重用韩信，刘邦说到做到，他马上派人将韩信请过来，任命他为大将。但是萧何看刘邦这么草率地任命一个将军，说明他还是没有充分地认识到韩信的可贵之处。于是萧何便阻止刘邦："现在就这样任命一位大将，就好像在使唤一个小孩子一样，这样会让人觉得对待别人一点也不认真，还会觉得您不尊重人才。韩信依然会认为您只是在敷衍他，并会再次出走的。如果您真心赏识韩信，真的想要重用他，那么就要择一个良辰吉日，亲自斋戒，设立坛场，以礼节拜韩信为大将。这样的话韩信才会认为您是真的看重他，他才会一心一意地为您效力，不会再逃走。"

听了萧何的建议，刘邦觉得很有道理，于是便准备择日拜大将。

事实证明，刘邦的决定是正确的。从那之后，韩信果然没有让他失望，他精炼兵马，为刘邦东征项羽做着充分准备，只是眼下时机尚未成熟。

局势分析

从萧何荐韩信一事中不难看出刘邦虽然爱才，但是却不太尊重人才。而韩信作为一位军事统帅是非常合适的，只是作为一位朝堂上玩弄权势的政治家来说，还是显得智谋不足。

萧何是个很复杂的人物，他在治理国家上非常有才能，其慧眼识人的能力也非同一般，因此是个深谋远虑之人。

说点局外事

韩信在很小的时候便失去了双亲，因此孤苦无依，长大以后依旧非常穷，有的时候穷得连饭都吃不上。还好，他还有个朋友——当地的亭长。韩信那时候没有饭吃，于是就天天去他家里蹭，时间长了亭长的妻子就有点不耐烦了，这让亭长非常为难：一边是落难的朋友，一边是结发的妻子。

于是，这亭长便对韩信哭穷：孩子大了，读书的费用也多了，还有岳母的医药费……但此时的韩信已经饿得前胸贴后背了，哪里顾得上这些，感叹同情一番之后依旧照吃不误。

无奈这亭长只得想了个下策，让家人每天在天还没有亮之前就爬起来，在床上吃完饭之后再睡下，等到韩信来吃早饭的时候，看到亭长一家没有一点吃饭的意思，这才明白过来是怎么回事，于是一气之下和亭长绝交了。

韩信没饭吃，便带着他的剑四处游荡，饿得实在不行了，就在河边钓鱼，饥一顿饱一顿。这时他遇见一个洗衣的老妇，老妇见韩信非常可怜，于是每天就把自己带来的饭都分一半给韩信。

再后来，韩信发达了，衣锦还乡当了霸王。

楚河汉界

刘邦在巴蜀之地一年不到，终于忍不住了，公元前206年，他和韩信一起率领汉军攻打挡在关中的章邯。

在关中时，刘邦曾经和百姓"约法三章"。在当时这个"约法三章"有着十分巨大的影响，深受关中老百姓的爱戴。但是后来刘邦的汉军走了，章邯的三个秦国降将接手了关中。项羽斩杀了二十万的秦军，却只留下了这三个人的性命。秦国的老一辈人对于自己国家的叛徒怎么会心悦诚服呢？因此汉军刚一来，当地的百姓们欢天喜地，不到三个月，关中的雍王章邯等人的兵力就已经被刘邦消灭，关中成了汉军的地盘。

这个局面令项羽气急败坏，派出的三个秦将都没有围住刘邦，这样下去那还了得，于是便决定攻打刘邦。只是这坏事要来真是一起来，这时候东边也出事了。齐国的田荣将项羽封的齐王田都给轰走了，并且自立为王，情况比刘邦的还要严重，这无疑给项羽来了个火上浇油，项羽只好先去对付齐国。

夺了关中后，刘邦每天都提心吊胆地过日子，他害怕项羽会来报复他。听说项羽挥师东进，没来找自己的麻烦，一时间刘邦的胆气就上来了。于是趁着胆气大手一挥，开始大打出手。这一出手不要紧，战火瞬间蔓延到项羽的地盘——彭城。

项羽这时候正跟齐国打得不可开交，忽然听到刘邦把自己的老窝都端了，齐国他也不顾了，急忙往家赶，于是在淮水上和汉军干了起来。如果说要单论打仗的话，十个刘邦都不是项羽的对手。项羽把汉军打得落花流水，有很多都掉进了河里被淹死。被俘虏的人那就更多了，最后项羽把刘邦的父亲和夫人都给抓了。

刘邦大败以后赶紧退守荥阳，然后聚集在这一带活动的散兵，只守不出。稳住阵脚后，他赶紧派人给萧何写信，让他从关中调兵过来帮助自己。

公元前 203 年，是楚汉战争是最为激烈的时期，到目前为止，刘邦被项羽围困在荥阳城里长达一年之久，连粮草和外援也被斩断了，刘邦没有办法，只好向项羽求和，但是项羽却不理睬。这时候的刘邦内缺粮草外无援兵，已经丝毫没有退路了，城中的防守也越来越薄弱，如果再这样下去，过不了多久就坚持不住了。

在刘邦的身边有个叫陈平的谋士，原本是在项羽的手下做事，后来投奔了刘邦，这时候他献计说项羽之所以一定要攻下荥阳那是因为他身边有范增在辅助，我们不如离间项羽和范增二人之间的关系。

刘邦一听顿时觉得来了希望，于是便从库房当中拨出了四万斤的黄金，用以买通楚军的一些将领，让他们散布谣言说项羽的部下当中范增和钟离眜的功劳是最大的，但是却不能裂土称王，于是就和汉王勾结，准备将项羽害死之后瓜分他的国土。

偏偏这项羽就是个猜忌心非常重的人，第一次听到的时候他可能不会当真，但是听得次数多了，就开始杯弓蛇影来。对钟离眜渐渐生疏，之后有了重大的事情也不会再和他商量，而范增是项羽的"亚父"，项羽虽然不完全相信谣言，但是他的心里多多少少还是有些异样的，时间一长，项羽对于他也慢慢不客气了。

于是就这样两个人的心拉开了距离，到了最后项羽便真正怀疑起范增，为了彻底地孤立项羽，陈平为此不惜设计陷害范增。

有一次，项羽派使者到刘邦的营中，使者一进屋便被请到了上座，陈平让侍者准备了非常精致的饭菜，并且再三询问范增的起居情况，还附耳低声问亚父范增有什么吩咐。使者非常不解，说道："我们是霸王派来的，并非亚父派来的。"陈平听了之后，假装非常吃惊的样子说道："我们还以为是亚父派你们来的。"说完脸就冷了下来，并叫上几名小卒撤了桌上的酒席，随后把使者领到另一间非常简陋的客房，改用粗茶淡饭招待，陈平则满脸不高兴地拂袖而去。

使者万万没想到会受到这样的羞辱，非常气愤，回到楚营之后，把事情原原本本地告诉了项羽。项羽就更加确信范增私下勾结了刘邦。这时候范增向项羽建议加紧攻城，但是项羽一反常态，拒不听从。过了几天，范增也听到了外面说他私通汉王的谣言。范增是个读书之人，非常有自己的骨气，当他发觉项羽不再信任自己的时候，心里非常委屈，于是就心生去意，向项羽辞行要回家养老。没想到项羽不但不挽留范增反倒同意了他的请求，并且还派人护送他回家。一路上范增心灰意冷，吃不下睡不着。已经七十多岁的他，哪里受得了这样的委屈，因此身受重病，还没有到彭城就断气了。于是项羽手下唯一一个谋臣，就这样被陈平略施小计铲除了。

范增死后，项羽才发觉自己中了刘邦的反间计。想到"亚父"范增平日的好处，但是却被自己给气死了，项羽又着急又愤怒，便下令对荥阳进行猛攻，一定要杀掉刘邦祭奠范增的在天之灵。

眼前的形势非常危急，陈平给刘邦献计：给项羽写一份诈降信，和他约在东门相见，等到楚军将大军领到在东门时，他们再想办法把西、北、南各门的兵力都引到东门，然后从西门突围出去。果然，项羽中计了，等到他醒悟过来的时候，刘邦已经冲出了西门，带着陈平、张良、樊哙等人杀开一条血路，向着关中方向逃走了。

刘邦逃出荥阳之后，萧何也从关中调来了一支军马，在别处作战的韩信此时也率领军队过来保护刘邦，汉军再一次振作起来。

有了大军在手的刘邦，也就牛了起来，听从谋士们的意见，采取以攻为守的方法。一面用少数兵力在荥阳、成皋一带牵制项羽的兵力，一面派韩信带领兵马，收服魏国、赵国和燕国。

为了困住项羽的大军，刘邦命将军彭越在楚军的后方截断楚军的运粮道，使项羽不得不来回作战。楚汉双方就这样对峙了两年多。一直到公元前203年，因为楚军的补给路线被切断，项羽被迫率军东进攻打彭越。于是将成皋交予手下将军曹咎，走的时候再三嘱咐，让曹咎不要和汉军交战。

曹咎也的确听话。刘邦一听项羽走了，于是就跳出来向曹咎挑战，曹咎说什么都不出去。刘邦见状，每天叫上一对士兵除了吃饭睡觉就是隔着汜水河和楚军谩骂。一骂就是好几天。曹咎没仗可打，每天吃完饭后就想要睡午觉，但却无法安心入睡，河对岸那些污言秽语不停地往他耳朵里钻。

刘邦的得寸进尺行为彻底把曹咎惹恼了，再加上双方的军力本身就不相上下，曹咎一气之下，决定渡过汜水和汉军决一死战。

楚军的兵力虽然分布很广，但是船只却缺乏，因此只能分成好几批来渡河。这时刘邦就趁着楚军刚渡了一半的时候忽然杀出，来了个瓮中捉鳖。刘邦大败曹咎的军队。

眼下的情景使曹咎心如死灰，他知道自己已没有脸面去见项羽，于是便在汜水边自杀。这时候项羽刚刚在东边打了胜仗，正得意之时，当听到成皋失守的消息，顾不得前战的疲惫便赶紧回来对付刘邦。

楚汉两军在广武展开对峙。

打仗是既费人力又费粮草的事情，打仗要吃饭，但是时间一长，楚军的粮食便应接不上了，项羽运粮的道路也被彭越截断了，这等于断了项羽的粮草，时间一天天过去，项羽的粮草越来越少。

虽然韩信在齐地获胜，但是他始终都没有赶去和刘邦汇合。刘邦也不敢轻举妄动，所以他和项羽只能对峙，双方只能这样干耗着。最后刘邦想了个办法，他派人去和项羽讲和，要项羽放了他的家人，并且约定以鸿沟作为界限，鸿沟以东的地方归楚国，以西的地方归汉所有，以停战作为和解的基础。

这时候项羽就像热锅上的蚂蚁一样，急得团团转却不知道怎么办，刘邦的这个"楚河汉界"规划对他来说就相当于雪中送炭一样，于是便答应了，并且放了刘邦的家人。

此时，刘邦当真会放着对他来说非常有利的局面不顾去重修疆界吗？事实上这楚汉的一场决战才刚拉开序幕。

局势分析

不管从当时楚汉的战略态势，还是从刘邦、项羽的协议内容来分析，项羽都是急于求和的那一个。

首先，项羽远离封国作战，粮道以及后路都被切断了，汉军刘贾和韩信都已经从南北两个方面形成对西楚的包围。而项羽的大将被杀，西楚国的北面就完全暴露在灌婴的攻击之下，项羽坚守孤城荥阳，兵员和粮草不足，随时都有可能被汉军围歼。

而刘邦成功地利用荥阳、成皋阻击战，吸引了项羽和楚军的主力，趁机夺取了赵、魏、齐、燕、楚等大片的国土。成皋、巩县两道防线坚守两年零四个月，可谓坚不可摧，背后是广阔的关内根据地，兵员的粮草源源不断，前面是强弩之末的项羽。就算再拖下去，对刘邦也是毫无损害的。所以，明显看出是项羽急于求和，不是刘邦。

说点局外事

在刘邦和项羽签订了协议之后，项羽并没有遵守约定返回都城徐州，而是仓皇而逃。项羽的举动揭示了协议的真相，要么根本就没有这个协议，要么就是项羽和刘邦二人都没有拿这个约定当回事。项羽从荥阳的撤军路线已然暴露了天机。

假如说项羽如约东归，那么在他离开了荥阳之后，应当是向东经过陈留、外黄、睢阳、砀郡回到彭城，这条路是最近的。在不久前项羽刚刚占领了陈留、外黄、睢阳。走这条路可以得到楚军的接应。在粮草断绝和将士们都疲惫的情况下，项羽走这条路是最安全最便捷的。但是，实际情况是项羽并没有走这条路，在离开荥阳以后，他并没有向东往陈留的方向退兵，而是突然向南走。

事实上，项羽是不相信和刘邦定的这个约定的，这个约定不过是项羽安全撤军的幌子。同时因为军队的战斗力一直下降，接连不断的战事、奔波、攻城伤亡，同时加上都城告急，这时候项羽已经没有心思和力气与彭越作战了，对于在短时间之后攻占陈留和外黄是丝毫没有信心的。饥饿难耐，丢失了成皋、被汉军围攻在荥阳城中多日的楚军，现在基本上属于瓮中之鳖。

因此，项羽这时要用刘邦的家人换取逃跑的时间。

霸王别姬

公元前 203 年，项羽、刘邦达成了协议之后，双方便开始陆续撤退，项羽率领着十万楚军从南路向着固陵的方向赶回，向楚地方向撤军，刘邦也准备西撤。

就在刘邦打算率军西返的时候，张良和陈平拦住了刘邦，二人向刘邦谏言，建议趁着楚军疲惫的时候，返回将他们消灭，以免留下后患。刘邦觉得很有道理，便采纳了二人的建议，最终还是违背了誓约，向楚军发起进攻。在大军追到夏南的时候，刘邦约韩信和彭越一同南下，合围楚军。

第二年的十月份，刘邦亲率二十多万大军追击十万楚军到达固陵，但这时，韩信和彭越都没有出兵支援刘邦。

对于刘邦背信弃约的行为项羽非常生气，在知道了韩信和彭越没有配合刘邦攻击后，次日清晨项羽在固陵进行突然反扑，斩杀汉军两万多人，再一次击败了汉军。

刘邦赶紧率领军队退至陈下，并筑起了堡垒只守不出，楚军再一次包围了他们。

这时候刘邦向张良问计，说韩信和彭越不愿意服从命令该怎么办。张良献计：这两个人这么做无非就是想在项羽败了之后，他们没得到楚国的分地。如果将东道海地带分给韩信，睢阳以北至谷城分给彭越，可使他们力战。

刘邦采纳张良的意见，韩信和彭越二人尽数挥军南下。同时，刘贾率军联合英布自淮地北上，五路大军共同发动对项羽最后的合围，垓下之战拉开序幕。

韩信率领三十万的大军从齐地南下，占领楚都的彭城和今天的苏北、豫东等广大地区，兵锋直指楚军的侧背，自东向西夹击项羽；梁王彭越率军数万从梁地出发，先南下之后西进，于刘邦本部军共同逼楚军后退；汉将刘贾率军数万会同九江王英布、合兵十万，自淮北出发，从西南方发动对楚地的进攻，先克寿春，再攻下城父并将此城军民全部屠杀。

而镇守南线的楚将大司马周殷却在这个时候判楚，先屠六县，再和英布刘贾会师，随后北上合击项羽。同时得到关中兵丁补充的刘邦则率领本部军二十多万出固陵东进。汉军五路大军，将近七十万之众，形成从西、北、西南、东北四面合围楚军之势，项羽被迫率领十万楚军向垓下后撤。

公元前202年，刘邦、韩信、刘贾、彭越、英布五路大军于垓下对十万楚军进行了合围。刘邦将韩信任命为联军的统帅，指挥大军作战。韩信派刘贾、英布联军将南方楚军外围的出路全部封死。然后让彭越把北方通路都封闭，韩信的三十万大军则于刘邦的主力合成一股，向困守垓下的十万楚军发起了进攻。

此时项羽已经人疲马乏，粮草空乏。他想带领一支人马冲杀出去，但是汉军和诸侯的人马把楚军包围得水泄不通。项羽打退一批又来一批，这儿还没有杀出去，那儿的汉兵就又围了上来。项羽没法冲出去，只得回到垓下的大营，吩咐将士们小心防守，准备找个机会，再突围。

当天晚上，项羽忧心忡忡地进了营帐，他身边有个非常得宠的姬妾虞姬。她看到项羽闷闷不乐，就陪着他喝酒解闷，到了入夜时分，西风吹得营帐呼呼作响，风里还夹着隐隐约约的歌声。项羽抬起头仔细听，歌声是由汉营当中传出来的，并且唱的是楚人的歌，唱的人也真不少。

这四面凄凄楚歌，不禁让项羽愣住了，一股穷途末路的感觉油然而起，他失神地自问：难道刘邦已经把西楚拿下了吗？为何汉营中有这么多的人。项羽再也无法忍住心中的悲伤，便唱出一曲悲凉的歌：

> 力拔山兮气盖世，
>
> 时不利兮骓不逝。
>
> 骓不逝兮可奈何，
>
> 虞兮虞兮奈若何？

这首歌的大意是力量能够拔起大山，豪气无人可比。但是这时代对我不利，我的乌骓马再也跑不起来了。乌骓马不前进我能怎么办？虞姬啊虞姬，我能把你怎么办呢？

虞姬感受着他的悲伤，竟然流着眼泪和他一起唱起来，霸王唱着唱着也流起泪来，就连旁边的侍从也禁不住伤心起来。

良久，虞姬对项羽道："大王，让我再为您舞一回剑吧！"项羽此时已醉了，眼中泛着泪光，笑着说好。

虞姬的剑舞得轻盈入水，十分好看，项羽胸中的悲痛被慢慢地抚平了。时光匆匆，就在剑舞到高潮的时候，虞姬忽然含泪回头，最后望了一眼项羽，挥剑自刎。看着缓缓倒下的虞姬，项羽呆了，这时候阻止已经来不及了，悲伤的项羽失声痛哭起来。

当天晚上，跨上乌骓马的项羽带上八百个子弟兵冲过了汉营，马不停蹄地朝前奔去。在天刚亮的时候，汉军才发现项羽已经突围，急忙派出五千的骑兵追赶。项羽一路奔跑，等到他渡过淮河的时候，跟着他的只剩下了一百不到的骑兵。但是这时候他们却迷路了，项羽来到一个三岔路口，瞧见一个庄稼人，便问他哪条路可以到彭城。庄稼人知道他是霸王，不愿意给他指路，于是骗他说往左边走。项羽和一百多兵士往左边跑去，越跑越觉得不对劲，到最后，看见前面是一片沼泽地带，连路都没有。项羽知道受骗，赶紧拉转马头，绕出这片沼泽地，但是汉兵已经追上来了。

项羽又往东南跑，一路上，随行的兵士死的死，伤的伤。到了东城的时

候，只剩下了 28 名骑兵，但此时汉军的几千名追兵密密麻麻地围了上来。项羽知道自己无法脱身了，但是也不愿意这样认输，自他起兵至今八年，大小战斗经历七十多次，却从来没有失败，最终当上这天下霸王。如今就算要死了，他也不会束手就擒地等死。

于是，项羽便带领这仅有的 28 人，一路冲过汉军的堵截，杀出重围，向南跑到了乌江边上，恰巧看到乌江亭上有一条小船停在岸边。

亭长一见落难的霸王，忙劝他马上渡江，但是项羽仰天悲叹道："我带领着八千子弟渡江而过，现如今却一个都没有把他们带回去。只有我一个人回到江东，即便是江东父老同情我，把我立为王，但是我还有什么颜面再见他们。"

最后，项羽将心爱的乌骓马送给了亭长，然后和活着的兵士拿着短刀与追来的汉兵肉搏在一起，他们已经舍弃了生的希望，一连杀掉了数百名的汉兵，楚兵接连倒下去。项羽身上受了十多处伤，最终被包围，在乌江边拔剑自刎，一代霸王就这样卸下了英雄的帷幕。

局势分析

在楚汉订立了条约以后，项羽没有遵守，而刘邦本是打算遵守协议的，但是因为张良和陈平等人的一番不能养虎为患的劝谏才使刘邦改变主意，背约击楚。这样一来，背信是毫无疑问的，但是背信的责任却并非在张良和陈平身上。

首先，刘邦从来都没有信守过诺言，在他自己能力非常弱小的时候就没有信守，现在强大了，项羽此时正仓皇逃命，他怎么会突然正人君子起来，信守这样一个承诺呢。之前把刘邦封到南郑的时候，刘邦心里非常不满，但是嘴上却不会说，还是一本正经地率军奔赴南郑，一路上烧毁栈道断绝道路。但是到了南郑之后，立刻明修栈道、暗度陈仓，杀回关中，夺取三秦之地，设郡县以为自己的封地。

之后项羽发兵征讨，刘邦去信保证，只要亡秦时候的约定，目的一旦达到，马上罢兵，绝对不会有东进的奢望。但是在发信的同时，刘邦进军的脚步一刻都没有停止。他一边攻占其他诸侯的土地，一面抓住项羽杀楚怀王大做文章，转移其他诸侯的注意力，掩盖自己吞并其他诸侯土地的事实。

因此逐渐壮大势力的刘邦，怎么可能会甘心老老实实地遵守楚汉之约呢？

说点局外事

在项羽死后，汉军很快就平定了楚地的反抗，历时四年的楚汉战争终于结束了。刘邦后来又派兵平定了长江中下游等地的反抗势力。至此，当年秦始皇势力到达的地方，已经是"普天之下，莫非王之土"了。既然刘邦已经成了全国的最高统治者，汉王之称也就不足以显示其权力和尊贵了，他必须有一个和秦始皇一样的名号。刘邦的心思自然为其朝夕相处的臣僚所看透，于是诸侯王和主要的文武臣僚联名上书，恭请刘邦立即皇位，蹑足九五，名正言顺地做皇帝。

刘邦虽然知道皇帝之位非己莫属，而自己也的确想早日享受做皇帝的滋味。但是到了跟前，面对群臣将自己捧上云霄的上书，也不免故作谦让一番。刘邦越是谦让，群臣的劝进自然就会越强烈。刘邦故意做戏，谦让三次之后，才冠冕堂皇地应允了。

于是在群臣的欢呼声中，刘邦登上了皇帝之位。

狡兔死，良狗烹

在当代社会中，有些人非常厌恶汉高祖刘邦，不仅骂他为"流氓""无赖"与"强盗"，而且还给他戴上了"滥杀功臣"的帽子。

比如，著名的历史学家翦伯赞先生就是其中一员，他认为刘邦刚刚坐上皇帝之位，就开始处心积虑地对昔日与他一同打天下的兄弟们下手。只不过短短几年的时间，臧荼、韩信、陈豨、卢绾、韩信、彭越、英布等一大批功臣，都被冠上了"叛变"的罪名，基本上被斩尽杀绝了。这就是韩信所说的"狡兔死，良狗烹"。台湾知名学者柏杨先生在他的《柏杨曰》中也非常严厉地指责刘邦："是他用残忍的手段屠杀功臣，留下不可抹杀的劣迹，我们绝不宽恕他。"至于有些愤青们就更不用说了，在一本名字叫作《真项羽》的书中写道："至此，最早跟随刘邦起事打天下的武将，几乎被诛杀一尽，只有少数人得以幸免。"

然而，历史真相真的如此吗？刘邦真的是滥杀开国功臣的刽子手吗？我们不妨以韩信为例好好说道说道。

韩信是淮阴人，年轻时十分贫穷，既做不了官，也不能经商，常常依赖别人过日子，被大家所厌恶。母亲死的时候，他连丧葬费都凑不出来。他经常在亭长家吃饭，被亭长的妻子赶了出来。后来，他又跟着一个洗衣老妇过日子，处境非常可怜。因为贫穷没有营生，他曾多次遭人白眼。

秦朝末年，爆发了一场规模盛大的农民起义，韩信就趁机参加了项梁所率领的起义队伍。后来，项梁战死，韩信就追随项羽，担任郎中一类的小官。在项羽帐下，他一直得不到展示自己军事才能的机会。他先后数次向项羽进献计策，但却都被拒绝了。他见自己在项羽麾下得不到重用，就在公元前206年初投入了刘邦的阵营。

起初，韩信也只是管理粮草的小官，并未引起刘邦的重视。后来，韩信认识了萧何，在数次谈话之后，萧何对韩信的印象十分深刻，他认为韩信是一个不可多得的将帅之才。于是，他多次在刘邦面前推荐韩信，但是一直都没有回音。

同年六月，韩信觉得在汉军中也没有自己的用武之地，就离开了汉营，准备另谋出路。萧何得知这个消息之后，觉得像韩信这样的人才不能丢失，于是没有顾得上通知刘邦，就直接骑马在月下追韩信，最后终于说服韩信留下来。之后，萧何又极力建议刘邦任命韩信为大将。最后，刘邦认可了萧何的意见，毅然提拔韩信为汉军统帅。

在楚汉战争中，韩信立下了不朽的功勋，被册封为齐王。此时，韩信已经掌握了汉军中最为强大的一支军事力量。公元前203年，韩信以齐地未稳作为理由，胁迫刘邦封他为假齐王，即代理齐王。当时，刘邦正处在楚军的包围之下，被迫接受了韩信的要求，册封韩信为齐王。

由于韩信军事才能卓越，手中又握有兵权，再加上"假齐王"的事情使之与刘邦产生的嫌隙，因此，在楚汉战争刚刚结束时，刘邦就迅速地将韩信的军权收了回来，并且改任他为楚王。

公元前 201 年，刘邦和韩信在钟离眜的问题上发生了冲突。钟离眜原本是项羽手下的一员大将，与韩信是好朋友。楚亡之后，钟离眜就逃到韩信这里，韩信将其藏了起来。刘邦得知韩信窝藏钟离眜的消息后，就命令韩信将其逮捕。但是，韩信不仅没有执行，还派兵保护钟离眜的出入，这让刘邦非常恼火。

正在这时，有人告发韩信谋反。刘邦听取了陈平的计策，以出游作为理由对韩信进行偷袭。韩信想要发兵进行抵抗，为自己进行辩解，陈述自己没有罪，但是又害怕事情闹大了不能收场。

这个时候，钟离眜自杀而亡。韩信就带着钟离眜的人头来到刘邦面前，详细地说明了事情的原委。但刘邦却命人将韩信拿下，韩信大声喊道："果若人言：狡兔死，良狗烹；高鸟尽，良弓藏；敌国破，谋臣亡。天下已定，我固当烹！"后来，可能是因为没有查出韩信谋反的证据，刘邦就将韩信赦免了，但同时将其贬为淮阴侯，留在京师监视其起居。韩信深知自己功高震主，同时对自己的遭遇很不满，藏在内心深处的叛逆的意识开始快速地滋长，并且就采取了一种消极的抵抗方法——称病不出。

公元前 197 年，陈豨公然起兵造反。刘邦决定亲自讨伐陈豨，要求韩信一同奔赴前线效命。韩信却觉得这是他在京城反叛的好机会，就托病拒绝随行。刘邦率军出征后，韩信一边派人与陈豨秘密地进行联络，达成协议；一边与家臣密谋，准备发兵对付吕后与太子。所有事情都部署完毕了，只等着陈豨的密报到，便开始行动。

但是，不久，韩信的密谋就被知情者向吕后告密了。于是，吕后在与萧何秘密商量后，定下计策，让人伪装是刚刚从前线回来的，并声称陈豨已经兵败身亡，命令所有的文武大臣都上朝进行祝贺。当韩信入宫祝贺刚进宫门的时候，就命人将韩信抓了起来，以韩信与陈豨共谋的罪名，将韩信斩杀于长乐宫钟室内，并且株连三族。

刘邦平定陈豨回来之后，在知道韩信已死的消息后，"亦喜且怜之"。刘邦询问韩信临死之前说了些什么。吕后回答韩信说他后悔当初没有听从蒯通的计谋。于是，刘邦就命人将蒯通抓了起来。蒯通以"当时只知韩信，不知陛下"为由进行辩解，这才得以赦免。

局势分析

后人在判断刘邦乱杀功臣最关键的铁证就是，韩信曾经喊出的那几句已经流传了千百年的悲愤不平的话："果若人言：狡兔死，走狗烹；飞鸟尽，良弓藏；敌国破，谋臣亡。天下已定，我固当烹！"表面看来，汉高祖刘邦刚坐上龙椅，就翻脸不认人，将开国第一功臣楚王韩信给杀了，所以才背上了千古的骂名。

但是，事实并非如此。那个时候，刘邦并没有将韩信杀死，而只是把他贬为了淮阴侯。而且，上文那句话也不是韩信首创的，而是韩信引用的越国大夫范蠡在给他的好朋友——文种的信中所说的话，韩信又作了一些引申。范蠡的原话是："蜚（古字，同'飞'）鸟尽，良弓藏；狡兔死，走狗烹。越王为人长颈鸟喙，可与共患难，不可与共乐。子何不去？"这句话的意思是，范蠡认为越王勾践脖子很长，嘴巴很尖，属于那种只可以与他共患难，不能够与他共享乐的人。范蠡劝导文种赶紧离开。而韩信在此基础上增加了一句话："敌国破，谋臣亡"，敌国指的是西楚，而谋臣则是指他本人。文种由于没有接受范蠡的劝告，最终被越王勾践赐死了。在这里，韩信自比为文种，把刘邦比作越王勾践。

实际上，韩信只知其一，不知其二。范蠡对于越王勾践的为人有着非常深的了解，因为他曾经与越王勾践在吴国相处了数年，几乎是天天在一起，所以，他看清楚了越王勾践的为人，才有了后来对文种大夫的忠告。然而，韩信对刘邦也像范蠡对越王勾践那样了解吗？答案很显然是否定的，因为韩信与刘邦在一起的时间很少，根本就没有足够的时间去了解刘邦。而且韩信并不是文种。文种对越王勾践可以说是一生忠贞，永世不悔。文种在越国的作用类似于萧何，在后方坐镇，将国家治理得井然有序。"十年生聚、十年教训"，越王勾践在文种的帮助之下终于将深仇大恨报了。而萧何同样受命在后方镇守，消除了刘邦的后顾之忧，让其全心全意地与项王对抗。但是，萧何与文种的最终结局却完全不相同，简直有着天壤之别：萧何荣耀一世，惠及后代；文种功高被忌，不得善终。

汉高祖刘邦与越王勾践完全不同，刘邦从一个小小的一亭之长率兵反抗暴秦，最终成为汉朝的开国皇帝；而勾践则是从一国之君，变成吴王的奴才，最后复国。勾践功成名就之后就开始变得骄奢，然后逐渐地走向败亡；而刘邦功成名就之后却不居功，而是转向长治久安的为君之道。所以，刘邦是可以共患难，也可以同富贵之人！

公元前195年，刘邦在即将走到生命的尽头时，曾经下了最后一道诏书，也可以说是刘邦的遗诏。在这道诏书中，刘邦说道："吾于天下贤士、功臣，可谓亡负矣。其有不义背天子擅起兵者，与天下共伐诛之。""亡"的意思是指"无"，而"负"的意思是指"对不起"。这句话的意思是说，刘邦自认为在对待天下贤士与功臣的时候，并没有做出什么对不起他们的事情。所以，他要求以后只要是敢于背着皇帝擅自起兵造反的人，天下之人就应该一同将其诛灭！

这可以看作是刘邦在对待有功之臣的自我评价，他是信心十足的。刘邦认为自己与有功之臣、贤良之士之间的关系是非常和谐的，他一直都在善待他们，并未作出任何愧对他们的事情。因此，他才敢于要求所有人必须忠于职守，不可生出邪恶的念头，起兵反叛朝廷。很多专家学者都认为刘邦所作出的这个评价基本上算是十分客观而公正的！也就是说，刘邦不应当背负"滥杀有功之臣"的骂名！

说点局外事

有一天，韩信身背长剑来到了一个集市上。忽然，有一群无赖拦住了他的去路。其中一个人说道："别看你长得高大魁梧，还佩戴着一把长剑，似乎是一个英雄豪杰，实际上，你就是一个胆小鬼罢了。"众人听完之后都哈哈大笑，而那个人则更嚣张了，拦着韩信就是不放他走，并且坚持说："我说的话，你别不服气。要不，我们两个人比一比，看谁能将谁杀了。倘若你胆子太小，不敢与我进行比武，但是又不想死的话，那么你就从我的裤裆下面爬过去，

这样，我就饶了你。"

韩信看着那个人，心想：我想要杀这样一个无赖之人，可以说是轻而易举的。可是，杀了这个无赖不仅证明不了我的才能，而且还会对我的清白有损。而且，一旦我将他杀死了，他的同伙必定会缠着我，不让我离开，万一官府的人来了，将我抓走，那么我这辈子就毁了。为了这样的人搭上一辈子，实在太不值得了。我不跟他一般见识，不与斗气。想到这里，韩信非常淡定地俯下身，从那个无赖的胯下爬了过去。集市上的人都以为韩信胆小怕事而哄然大笑。

白马之盟

汉高祖在晚年和戚夫人有个孩子，孩子名叫如意，被封为赵王。据史料记载，汉高祖晚年的时候曾经动过要将太子废黜的念头，想立赵王如意，只不过到最后都没能成功。

赵王如意的母亲戚夫人，生性较单纯，虽然姿色非常好，但却是个没见过世面的人，别的妃子都会玩弄权术，搞点政治小思想，但是戚夫人在这方面简直就是弱智。她甚至傻到把刘邦当成自己唯一的救命稻草，因为她不会拉拢人心，所以朝中没有她的党羽。

皇后吕雉恰恰和戚夫人相反，吕雉是历史上出了名的歹毒心狠之人，她的手段也是相当阴狠的。吕雉生得一副菩萨面孔，巫毒之心。她在背地里干的都是最毒辣的事情。她是个非常有心计的人，见人知心，懂得拉拢人，并且不吝啬财宝，因此在朝廷上下广结善缘，和大臣、将领的关系也非常好。

汉朝刚建立之时，吕雉就联手将头号功臣韩信诛杀了，之后怂恿汉高祖杀死了彭越，还把彭越剁成肉酱分给诸侯。英布以为刘邦肯定要杀他，因此起兵反叛，吕雉便顺理成章地铲除了英布。

这一连串地诛杀功臣的行动中，吕雉的身影从来都不缺席。吕雉从来都不害怕这些人，虽然这些人和刘邦共同患过难，为汉家天下立下过汗马功劳，个个都是军功显赫的人。吕雉不管是谁她都敢杀，所以这区区的戚夫人，吕雉肯定不放在眼里，只不过她并不着急，她等待的就是一个时机，她要等到刘邦驾崩的时候，连同戚夫人一起除掉。

俗话说"没有不透风的墙"，这时间一长，戚夫人便知道吕雉想要除掉她的事情，她深知自己的处境非常危险，只不过却没有找到自保的方法。好在老天开眼，就在这时候，戚夫人为刘邦生了一个儿子，这可真是一件天大的喜事。

戚夫人有了儿子，再加上形势的逼迫，她便开始打起了自己的小算盘。她想让自己的儿子当太子，那样以后就算刘邦不在了，吕雉也不敢拿她怎么样。

这戚夫人真是思想简单到家，或许她也根本就没有想到过吕雉背后庞大的势力。她还以为，太子不过就是皇帝一句话的事情罢了。于是她在单独和刘邦在一起的时候，就向刘邦哭诉："如果有一天你走了，那我们母子俩可真的就是无依无靠了，到了那时候我们该怎么办呢，吕雉会放过我们吗，你就真的忍心如意受苦吗？"

晚年的刘邦本身就是个心软的男人，并且还深爱着戚夫人，看到她可怜兮兮的样子，就动了恻隐之心。刘邦心里也觉得刘盈不能做皇帝，性格太过于老实软弱，和自己一点都不像。

刘邦要实施的第一步计划就是将如意立为赵王。然后在一次早朝的时候，突然毫无征兆地问下面的大臣："朕要将如意立为太子，大家觉得如何？"

刘邦的这个决断太突然，大臣们之前甚至都没有听到一点的风声，顿时都面面相觑，不知道该怎么回答。

这时候宰相周昌急了，周昌本身说话就有点结巴，现在正在紧急关头，更是火上浇油，但是这一激动，便结巴得更厉害了，他结结巴巴地向刘邦表示自己不同意这样草率的决定。原本是一件十分严肃的事情，被他这样一搞，气氛完全没有了。刘邦也被周昌逗得哈哈大笑，重新立太子的事情也就因此暂时告一段落。然而这件事却给吕雉提了个醒，吕雉马上警惕起来。之后，刘邦虽然也曾旧事重提，想要改立如意为太子，但令他没有想到的是，在这件事情上连他一向很敬重的张良也在帮吕雉。刘邦一看，知道废除太子已经

不大可能了，假如硬来的话必定将会有一场腥风血雨的宫廷争斗。

刘邦无奈只得对戚夫人说："太子的翅膀太硬了，他身边有人帮着，废黜已经是不可能的事情。"戚夫人只得默默流泪，知道自己的结局肯定不会很好。没过多久，刘邦因为在讨伐英布的时候胸部的流箭伤势复发，病重，倒在了龙椅上。临死前，他已经默认了刘盈太子的位置，把大臣们都召集到跟前，然后吩咐手下宰一匹白马，要大臣们歃血为盟。

当着高祖的面，大伙用手指蘸血涂在嘴上，以示恪守盟约。起誓：从今以后，非刘姓族人不得封王，非功臣不得封侯。如果有违背盟约者，天下人共伐之。

大臣们宣誓完刘邦也就放心了。公元前195年，汉高祖刘邦病危了，六月便去世。汉高祖死之后，吕后封锁了消息，并且秘密将她的心腹大臣审食其召来，对他说："大将们和先帝都是一同起兵的。他们在先帝手下已经不大甘心，现如今先帝去世，便更加靠不住了，不如将他们都统统杀掉。"

如此天大的计划，只有吕雉这样的人才能想得出来。审食其虽然觉得这件事情不好办，但还是点头应承下来。然后约出了吕后的哥哥吕释之作为帮手。但是吕释之的儿子吕禄却把这个秘密的消息泄露给了他的好朋友郦寄，郦寄转身就偷偷告诉了他的父亲郦商，郦商听了以后顿时大惊，这样的事情干了可真是大祸啊。

于是他赶紧找到审食其，劝说他："皇上去世已经四天了，皇后秘不发丧，反而还打算杀害大臣，这样做的话一定会激起大臣和将军们的反抗，天下大乱不用说，只恐怕汉室江山还有您的性命也不保啊。"

后面那句话把审食其给吓住了，他想了想，要是激起了叛变，那罪魁祸首肯定是他。到时候谁能够保他。想通了利害关系，他忙跑回去找吕后商量。

吕雉在听完他的话之后，也感觉杀大臣这件事情没有把握，这才将计划放了下来，下令发丧。等到汉高祖被葬之后，刘盈正式即位了，称为汉惠帝。吕后也就成了皇太后。汉惠帝果然是个老实又无能的孩子，到手的权力全凭他母亲吕太后掌控。吕太后大权在握，可真是随心所欲。

在刘邦死了之后，吕雉的菩萨面孔算是收了起来，她最痛恨的戚夫人和赵王如意该偿还债务了。她先把戚夫人贬为奴隶，再派人把赵王如意从封地召回长安，这一明显举动，让汉惠帝意识到太后要对弟弟如意下手了。

只是偏偏汉惠帝对这个弟弟的感情还不错，他知道消息之后，亲自把如意接到宫里，连吃饭睡觉都和他在一起，这让吕太后没有办法下手。有一天早上，天刚破晓汉惠帝就起床，准备去练习射箭，他本来想叫如意一起，但是如意年纪太小，又比较贪睡，看他睡得那么香，汉惠帝不忍心叫醒他，于是就自己去了。等到他回宫以后，如意已经死在了床上。汉惠帝抱着尸首大哭，他知道弟弟是被毒死的，但是他没有办法。

杀死如意之后，吕雉的下一个目标便是戚夫人。吕雉让她活到现在其实是别有用心的，想让她尝一下活着的时候失去儿子的痛苦。现在她的儿子已经死了，终于可以动手把她一并铲除了。

吕雉的心狠手辣，从她对付戚夫人的手段上就能看出来，她下令将戚夫人的手脚全部砍去，之后残酷地挖了她的双眼，逼她吃下哑药，再将她扔进猪圈，一直到伤口发炎而死。这种令人发指的行为，使得汉惠帝对这个母亲又怕又忌。

铲除戚夫人之后，吕雉已经基本上成了汉朝的实际掌权者。刘邦驾崩之后，吕雉便开始为娘家的人谋权了，将他们纷纷册立为王。

朝中的一些大臣都纷纷开始反对，其中以右丞相王陵为首的大臣们，他们以"白马之盟"的要求反对册封诸吕。但吕后自然是有办法的，左丞相陈平、绛侯周勃等人都纷纷站到她的背后，这使得吕雉终于可以伸展手脚了，她大封诸吕，并且对刘氏黄祖大肆迫害打压。汉高祖临死之前就是害怕日后会出现政治混乱，因此制定的白马盟约。恐怕他到死都想不到打破白马之盟的竟是他曾经的爱人。

白马之盟是吕雉的心病。待吕雉死了以后，刘氏黄祖开始重新掌权，这白马之盟因为过于依赖同性王族，导致同姓诸侯王拥兵自重，成了一大祸害。

汉文帝时期，先后发生济北王和淮南王叛变，汉景帝时期又发生了七国之乱。这些叛乱虽然都被平定了，但是却损伤不小的国力。等到汉景帝平定七国，乘胜收回封国官吏任免权，削弱封国势力，这才压制住同姓王的势力，等到汉武帝时期又颁行推恩令，刘氏王族势力大幅度削弱，这才变成一种虚衔。所以刘邦死后不久，白马之盟本来的意义就已经消失，最终只作为一条训言保留下来。

局势分析

汉代以军功利益集团主持中央政府的传统，一直维持到汉景帝时期申屠嘉为丞相之时。申屠嘉死了以后，汉代才出现第一位非军功出身的政府领袖，由此可见白马之盟的贯彻程度实际上是相当严格的。

白马之盟在内部造成了一种以汉朝宫廷、政府和诸侯王国之间的"三权分立"。这个"三权分立"实质上是将汉朝宫廷皇权和诸侯王国之王权限定在刘氏一族，将诸侯国以及汉帝王权内各级政府机构之权力，限定在以列侯为首的汉初军功利益阶层。这直接导致汉朝以丞相为首的各级政府机构，长期由独立于皇权和王权之外的军功利益集团所垄断。刘邦死后汉帝国的所有政治变局，譬如无为而治等等，均不得不围绕着这微妙的"三权分立"格局展开。

说点局外事

审食其是刘邦的同乡。公元前209年，审食其以舍人身份随刘邦反秦，刘邦带兵离开沛县。留下自己的哥哥刘仲和审食其一起照料自己的父亲、妻子、儿女。楚汉战争期间，审食其和吕后、刘太公一起被禁军俘虏，自此和吕雉结下了深厚的感情。审食其和吕后两人自刘邦离开沛县之后，大约有五六年的时间朝夕相处在一起，特别是在审食其和吕后同在楚军为俘虏的三年期间，虽然没有史书详细记载，但是三年多时间里吕后多蒙审食其忠诚相伴，两人可以说在战乱岁月里产生了生死与共的感情。

公元前201年，因为吕后谏诤，没有什么战功的审食其被封为辟阳侯，等到刘邦死了之后二人便没有什么顾忌，相互往来。审食其和吕后的私情最终被吕后的儿子汉惠帝发现。汉惠帝大怒，下令将审食其诛杀，吕后自知理亏，不敢向儿子求情，束手无策。

幸亏审食其曾经帮助过的朋友朱建施展辩才，帮助他躲过了死劫。三年之后，惠帝驾崩，审食其和吕后的关系就更加密切。

吕后死了之后，诸吕被杀，但是因为审食其未雨绸缪，得到陆贾、朱建等人的帮助，所以在诸吕被灭之后平安无事。公元前 177 年，淮南王刘长因为怀恨审食其在汉高祖时期对其亲母见死不救，于是便伺机杀了审食其。这个吕后的"密友"在吕后死了三年以后也追随吕后走了。

第二章　汉朝建立

休养生息政策

中原在西汉建立之前，就已经经历了秦朝长达 15 年的残暴统治和秦末以来 8 年多的战乱。导致经济处于凋敝的状态，民心疲惫。有非凡政治才能的刘邦，为了顺应民心，于是实行了与民休息的政策。这种与民休息政策和汉初崇尚黄老之学和崇尚无为而治是密不可分的。

刘邦当了皇帝之后，对于秦朝"二世而亡"的状况是非常警惕的。他要士人陆贾总结了一下包括秦朝在内历代兴亡的经验教训，他要以此为借。陆贾根据儒家和黄老学说，并结合当时国家百废待兴的情况，书写了十二篇论文。主要的观点有："兵上罢归家乡，免除一段时间的徭役。在战乱当中聚保山泽的人各归本土，恢复故爵和田宅。由于机皇自卖为奴婢的人一律还为庶人。抑制商人，限制他们对土地的兼并。减轻田租，十五税一。"他主张不要"极武"，不要"用刑太极"，而要"文武并用"。说这是"长久之术"。这就是所谓的"无为而治"。刘邦很赞赏陆贾的意见。陆贾的十二篇论文合为一书，刘邦命之为《新语》。《新语》的理论观点在一定程度上反映了清朝后期的政治和社会实际，基本上符合当时刘邦的建国思想。这一思想在西汉初年，是最高统治集团的主导思想。在此基础之上，刘邦陆陆续续采取了一些重要措施。

首先是建立制度，招贤纳士。汉建立之后，高祖刘邦命萧何定律令，韩信定军法以及度量衡程式，叔孙通定礼仪，汉朝制度很快建立起来，秦制度基本上变成汉制，这就是所谓"汉承秦制"。萧何做相国提倡俭朴，处理政事，完全按照律令。他制定的九章律，比秦法缓和简明，代替了原来临时颁行的"杀人者死，伤人及盗抵罪"的约法三章。民间歌颂"萧何为法，顜若画一"。秦朝大乱以后，百姓饱受战祸，穷苦已极，能在开明的律令下生活，自然能过上难得的幸福生活。

其次，就是劝民归乡务农，减轻田赋。号召在战乱当中流亡山泽的人归还故乡本土，"复故爵田宅"。下令解放因为生活困难而被卖为奴婢的人，恢复庶民身份。农民可以按人力多少开垦荒田，对新开垦的田地给予头几年完全免赋的优待。特别是实行了按粮食产量"十五而税一"的田赋征收制度，调动了农民从事生产的积极性。

再者就是实行压抑商贾的政策。刘邦亲眼看到秦时徭役繁兴，商贾乘机重利盘剥，夺人田产子女，加重了社会危机。所以他即位之后，命令商人不能穿丝织品乘车，禁止带兵器、骑马，并向商人征收重税。规定商贾及其子女不得为官吏，不得携带兵器，不得有私田，加倍征收商贾的算赋。这些措施迫使一些小商人弃商务农，限制了商人对农民的兼并，有利于人民休养生息。

最后就是复员军队，罢兵归田。汉代初期刘邦命令给予复员官兵以较好的土地住宅。入关灭秦的关东人愿意留在关中为民的，免除12年的徭役，回关东的免除6年的徭役。这些从军归田的很快就成了小地主或者是自耕农。他们不仅成了恢复农业生产的一支重要力量，也是汉代统治的阶级基础。

汉高祖在位的七年，他倡导和推行的与民休息政策，使社会经济大大恢复，同时也使得汉朝地主阶级的统治得到了新的稳定。

而休养生息政策也产生了非常多的影响，首先产生的积极影响就是国富民强，因为汉初几代统治者都始终如一地执行"休养生息"政策，到了汉武帝时，人们生活富裕，国力强盛，而府库也有余财，京师的钱也累以数万。大仓的粮食也充溢露积于外，有的都发霉直至腐坏。从汉武帝在位时期的几次大的历史事件当中可以得知国家当时的强盛，比如北征匈奴，在汉武帝在位的54年中，对匈奴用兵43次，兴修水利，治理黄河。由此可见当时国势之强盛。

而消极的影响是，在豪强集团的财富当中，土地兼并越来越严重。因为

汉初采取"休养生息"政策，国家对经济领域干涉很少，尽量不去影响社会的生产流通。在汉初豪强集团财富开始集中，土地兼并初露端倪。比如汉朝初期相国萧何强买农田为子孙置业。到了汉成帝时，这种现象越来越严重。到了西汉末年，这种现象就更加严重了。皇帝、国戚、官僚和豪强地主，依仗政治经济特权，疯狂兼并工地，加速了农民的破产。汉哀帝时期，一次赏赐宠臣董贤土地两千顷。不单单官僚豪强兼并土地，大商贾也以其经济力量助长兼并之风，比如在成帝和哀帝时期，长安附近的杜陵樊嘉、茂陵挚纲、平陵如氏，都仗着财势吞并农民的土地，周围农民又陷入了贫困的境地。阶级矛盾也开始变得尖锐。哀帝时以大司马可丹为代表的官僚，为了缓和土地兼并和大批农民沦为奴隶的情况，提出了一个"限田限奴"的主张，结果还是被搁置起来，成为一纸空文。

其次政治败坏。汉初实行"休养生息"的政策，统治者奉行"议论务在宽厚，耻言人之过失"。曹参为相的时候，每日饮酒，不理政事，见人有过错，便掩盖而过。皇帝和大臣们都奉行无为，不过多地过问政事，导致各级官吏大多消极苟安，渎职怠工，官场上贪污受贿也开始盛行。汉武帝时期大臣张武受贿，汉武帝知道后不但不出发，反让贾谊在书中写道："廉吏释官而归为邑笑，居官敢行奸而富为贤吏。"

总而言之，"休养生息"的政策有利有弊。

局势分析

在汉朝刚刚建立的时候，人口还没有秦朝初期多，农民的生活非常贫困，还出现了人吃人的现象。国内的一些诸侯王纷纷拥兵自重，和朝廷分庭抗礼，汉朝初期统治者刘邦深知当时人们的困苦状况，因此决定实行休养生息政策。

汉朝初期"天子不能具钧驷，而将相或乘牛车"，其意思说的是给帝王拉车的几匹马找不到同一个毛色的，将相们出行的时候，有的乘坐牛拉的车。由此可见当时国家的贫困和国库的空虚。另外南部和北郡的边境未稳，南有赵佗作乱，北有匈奴侵扰。尤其是公元前200年的"白登之国"，就是高祖北击匈奴的时候，在白登被困，事后脱险，高祖深知汉朝没有财力、人力再去征服匈奴。

在秦王朝，沉重的赋税致使人们生活得非常贫穷，比如田租高达产量的三分之二，人口税每个人每年一千钱；根据史书记载，秦汉赋税"二十倍于古"，徭役繁重。比如，人们的服役阶段是 15 岁到 60 岁。根据统计，秦汉王朝人口大约两千万，每年服徭役的就多达两百多万人。

刘邦因为在和匈奴作战当中险些丢了性命，因此他明白以汉朝的国力尚且还不能和匈奴展开武力的较量，于是就采取与匈奴和亲的政策，并开放关市贸易，以缓和双方的关系，汉朝和匈奴之间总算在汉朝的妥协下维持了相对稳定的形势，汉朝的人们在此情况下才能够安下心来劳作生产。

▌说点局外事▐

其实当代也实行过"休养生息"的政策，也产生了贫富差距扩大和贪污受贿的现象。国家针对这两种情形采取了不同的措施，对贫富差距扩大的现象采取了征收所得税的方法，加以限制富人的财富，对贪污受贿的现象加以承办和监督。

当时，有的农民认为种地收益不大，于是就放弃种地外出务工，于是就出现了农田荒芜的现象，农村经济发展比较缓慢。除了免除农业税，政府还对农民进行按地亩补钱，农民的生产积极性非常高，将原来抛荒的地都重新耕种起来，这几年农村经济发展比较快，农民的收入、住房、交通和卫生等方面变化也比较大，城乡差距日益减小，这都归功于"休养生息"政策用于治国的成功之处。

蔡伦发明造纸术

早在几十年前，有一位叫作哈特的美国学者列出了影响世界人类历史上的一百个人物，并且按照他们的影响力进行了排序，我国汉代的蔡伦名列第七位，紧随着孔子、牛顿、穆罕默德等思想家、科学家以及宗教体系创始人之后。造纸术并不是东汉蔡伦所发明的，但是他总结了前人造纸术的方法和

过程，并将造纸术上报给朝廷，从而使得古代造纸术加以推广。从这个角度来讲，东汉的蔡伦应该是当时中国纸发明人的代表。纸的发明对于人类文化的传承，在我们生活当中的各个方面都发挥着相当重要的作用。

在中国"蔡伦造纸"的故事也算是家喻户晓。但是，这千古流传的故事，在今天有人却提出了疑问，这造纸术真的是蔡伦所发明的吗？为了把这个问题弄明白，首先要了解一下纸的历史。

纸，作为书写材料，在中国上古时期，连文字都没有，更何谈书写文字的纸张。商、周时代文字已经成熟了，但是还不曾有纸。那时候人们把文字镌刻在龟甲兽骨上，也可利用泥范，最终铸成青铜铭文，因为刻骨铸器工序较为繁难，因此甲骨钟鼎上的古代文字篇幅都很简短，难得有鸿篇巨制。

春秋战国之后，开始使用竹简木片，这可比刻骨铸器要方便多了。但是依然比较笨重。西汉时期，以辞令见称的东方朔写了篇文章，用了三千根竹简进呈皇帝的时候，两个人很吃力地才抬进了宫里。战国时期，思想家惠施外出游学，随身携带的书就装了有五车，因此就有了"学富五车"的典故。这么多的简册，存放和运输都是比较麻烦的，人们曾经形容"汗马牛""充栋宇"，因此就有了"汗牛充栋"的成语。

当时除了竹子之外，也开始用丝帛当作书写材料，古书上说"著于竹帛"。竹就是竹简，帛就是缣帛，一种根据书写需要裁好的丝织品。在湖南长沙马王堆等地的古墓当中，曾经发现有西汉早期的帛书和帛画。这种缣帛在古代就叫作"纸"。所以"纸"字的表意偏旁从"系"，就是因为最早的纸是一种丝织品。但是，这种"纸"的价格比较昂贵，除了皇家贵胄，一般没有人能够用得起。

竹简比较笨重，而缣帛比较昂贵，这对文化的传播都是非常不利的，人们迫切需要一种重量轻并且价格廉的书写材料。一直到了东汉，这种材料终于找到了，就是"蔡侯纸"。

蔡伦，字敬仲，东汉桂阳人，桂阳是现今湖南来阳一带。在他出生几十年之前，东汉爆发了一场规模比较庞大的农民起义运动。那次农民起义在一定程度上沉重地打击了当时的封建统治，从而推动了封建社会生产力的发展和进步。从东汉初年到汉和帝时期，当代的农业和手工业都在不断发展进步，同时社会经济不断发展，对生产提出了更高的要求。

蔡伦从小就在朝中当太监，担任的是小黄门的职位。之后得到了汉和帝的信任，被提拔为中常侍，曾经也参与过国家机密大事。同时还担任过管理宫廷用品的尚方令，并且监督过工匠为皇家制造宝剑以及其他各种器械。因为他所担任的工作可以经常和工匠们接触，因此工匠们的技术和创造精神给他带来了很大的影响。

蔡伦天生就聪明过人，喜欢动脑筋，经常和工匠们一起研究讨论制作工艺。当时，蔡伦看到大家在竹简和木牍上面写字非常不方便，拿着竹简和木简又太过于笨重，而丝帛也太昂贵，再说丝绵纸也不能大量生产，于是，他就下定决心研究和改进造纸术的方法。

对于一种新的书写材料，蔡伦想到的第一个要求就是拿在手中轻薄，携带着也比较方便。所以在之前所用的竹、木制成的简牍就被排除了。而丝帛却非常符合他的想法，只是这种原材料非常稀少昂贵。于是，蔡伦便仔细地研究了丝帛全部的生产过程。他从分析丝帛的结构开始入手，结果却发现它是由纤细的短纤维相互粘成的。于是，他将新材料锁定在结构和丝帛非常相似、取材也非常容易且价格也比较低廉的材料上，从此他时刻都在留意和寻觅这种新的材料。

某天，蔡伦和几个小太监跑到宫外去游玩，在一个非常幽静的山谷中，蔡伦看到有一条小溪潺潺流过，溪边栽种着柳树，柳叶垂下来倒映在湖中，景色颇为迷人。小太监们一路上打打闹闹都非常欢乐，只有蔡伦心事重重，边走边东张西望。忽然，他像是想到了什么，快步走到小溪边，蹲了下去。小太监们看到他这副模样都非常奇怪，于是便围了过来。只见蔡伦手里捧着一个又湿又破的，类似于棉絮的东西在发呆。一个小太监实在是忍不住了，于是便说道："还以为你捡到了什么宝贝呢，原来是个破烂，脏兮兮的，还不扔了。"

但是蔡伦像是没有听见似的，依然呆呆捧着那种棉絮一样的东西不说话。小太监急了，一步走上去，把东西从蔡伦手里夺过来就往水里扔。这时候蔡伦突然醒了过来，用手紧紧抓着不丢，嘴里还喃喃地说道："找到了，我找到了。"小太监们这时候都糊涂了，认为蔡伦疯了傻了，居然拿着那种破烂当宝贝。

蔡伦双手捧着那东西，连忙跑去河边问那里的农夫这东西是怎么形成的。农夫告诉蔡伦说，就是用经常在河里漂着的树皮、烂麻、破渔网等等，经过长时间的浸泡、冲洗和日晒，就成了这样子。

蔡伦听完仰着头望着漫山遍野的树，不禁眉开眼笑。回到了宫里，蔡伦马上就开始做起试验来，他细心的研究，反复制作。精心挑选材料，什么树皮、渔网、破麻布等等。然后让工匠们用刀将它们弄断，再放入一个大水池中浸泡。过了一段时间，其中的杂物都腐烂了，而纤维是不容易腐烂的东西，就保留了下来。接着他让工匠们将浸泡过的原材料打捞起来，放进石臼当中不断搅拌，直到它们成水浆一样的物体，然后再用薄竹片将这黏黏的东西全部挑起来，等到晾干以后再慢慢揭下来，就变成了纸张。

蔡伦总结并吸取了前人造纸的经验，带领着工匠们收集树皮、麻头、破布料和破渔网等原材料用来造纸。他们先将树皮、麻头、破布和渔网等原材料用刀剪碎切断，然后在放到水里浸渍一段时间，再捣烂变成浆状物，这样还能经过蒸煮，然后在竹席上摊平弄成薄片，最后放在太阳下面晾干，这样纸就做成了。

用这样的方法所制造出来的纸张，非常薄，很适合写字，在当时深受人们的欢迎。这些造纸的原料来源比较广泛，价钱也比较便宜，有的原材料还是废物二次利用，因此可以进行大量的生产。至于用树皮做原材料，那就更是一个新的发现。后人又发明用木浆造纸，就是由蔡伦用树皮造纸演变而来的。在蔡伦总结归纳了造纸术以后，后人又将他的方法不断加以改进。蔡伦去世了大约八十年之后，又出现了一个造纸能手，这个人就是左伯。他造出来的纸张薄厚均匀，质地细密，色泽也比较鲜亮，当时人们将这种纸称作"左伯纸"，但无耐的是古代历史上没有将左伯所用的造纸原材料和纸造方法记载下来。

公元 105 年，汉和帝在试用了这种纸张以后，非常满意，当场就称赞蔡伦创造发明的造纸术，同时下令专人派人将这个造纸技术在全国进行推广。从此，全国各地都开始使用这种方法进行造纸。最后经过长期的试验制造出了既轻薄柔韧又取材容易、来源广泛且价格实惠的纸张。

造纸技术是非常复杂的，绝对不是靠一个人的想象研制发明出来的。实际上，在蔡伦发明造纸术之前，古代的劳动人民就已经开始用植物纤维进行造纸了。但是蔡伦在改进造纸技术方面是功不可没的。蔡伦成功改进造纸技术，这是古代人类文化发明史上一件大事。从那以后，纸便得到了大量的生产，为以后的印刷术创造了技术条件。

中国造纸术经过了蔡伦的改革以后，大约过了五百多年，经过朝鲜传入了日本。等到六百多年之后，又传入了阿拉伯，之后进入欧洲；在一年五百多年之后，辗转到美洲。中国古代劳动人民智慧的结晶，是全世界人民都拥有的文化财富。

大约在公元 4 世纪末，百济在中国人的帮助下学会了造纸技术。没过多久，高丽、新罗等国家都相继掌握了造纸技术。从此以后高丽的造纸技术逐渐提高，等到了唐宋时期，高丽的皮纸进入了中国。

在西晋时期，越南人也掌握了造纸技术。公元 610 年，朝鲜和尚昙征渡海到了日本，将造纸术进献给日本摄政王圣德太子，圣德太子下令在全国广泛推广，后来日本人民将他称为是"纸神"。

中国古代的造纸技术在当时也传播到了中亚区域的一些国家，并且从此通过贸易传播流传到了印度。

造纸术传入阿拉伯是在公元 751 年，后来在 10 世纪，造纸技术传到了叙利亚的大马士革、开罗、埃及和摩洛哥等国家。等到了 19 世纪中国的造纸术已经传遍了五大洲的各个国家。

汉承秦制

西汉开始时，最早的都城设在洛阳。汉高祖五年（公元前 202 年）五月，为了庆祝全国的统一，汉高祖刘邦在洛阳南宫举行盛大的宴会。

在席间，刘邦向文武百官们提问，说他为什么可以统一天下，项羽又为什么丢了天下。大家都纷纷发言，各抒己见。有不少大臣说，他能够奖励战功，和天下同利；项羽嫉妒英才，谁打了胜仗也不记功劳不给赏赐。刘邦说道："这是其一，你们却并不知其二。论出谋划策，运筹帷幄，我自是不如张良；论治理国家，安抚百姓，管理粮饷，我也不如萧何；论统兵打仗，攻城夺池，我也不如韩信。他们三个都是当代的豪杰，我能用他们，这就是我能得到天下的原因；然而项羽只有一个范增他都不曾用好，这也就是他战败的最根本原因。"

刘邦确实将张良、萧何以及韩信这三个人的特长掌握得非常精准。这三个人在刘邦的眼中都是非常重要的人，但是仔细分析的话，就能发现，他们三个在刘邦眼里其实是可以分出高低的。

最下层的就是有勇无谋的韩信。在历史上，韩信可以说是难得的帅才。他能够将非常弱小的军事力量发挥到极限，并且在垓下设下了埋伏，最终将不可一世的楚霸王项羽彻底击败，自此奠定了汉王朝建立的基础。这一切都和他过人的军事指挥天赋是密不可分的。

中层的就是萧何，萧何的治国之才能是不用多说的，只不过他是智有余而力不足。他卓有成效的方针政策不但没有随着他的离世重蹈人亡政息的覆辙，甚至他的继任者曹参也收他的福音，做到政绩斐然，国泰安民。

这排在第一位的就是张良了，张良是唯一算得上公认的仁、智、勇三者皆备的人。张良的智在刘邦"运筹帷幄之中，决胜千里之外，吾不如张良"这句话中得到了很好的诠释；张良的勇从他敢于刺杀由大批卫队护卫的秦始皇的行动当中就能看出。此外，张良还有"富贵不能淫，威武不能屈，贫贱不能移"的精神，也只有张良可以完全做到这一点。

因此，张良、萧何、韩信被称为"汉初三杰"。刘邦把张良封为留侯，萧何封为�……侯，韩信封为楚王（后降为淮阴侯）。刘邦还命令太中大夫陆贾总结秦朝失天下和以往国家兴亡成败的经验教训。陆贾为此共写了十二篇文章，深受刘邦的赞赏。

齐人娄敬到洛阳见到刘邦之后，建议刘邦把都城迁往长安。在他看来，汉朝刚刚建立没有多长时间，天下也没有太平。秦朝都城的地势边关都比较坚固，土地也较为肥沃，被称为是"天府"之地。如果在长安建立都城的话，可以固守天险，控制诸侯。张良也支持娄敬的意见。刘邦便决定迁都长安。这对西汉王充中央政权的巩固，在地理上创造了非常有利的条件。

西汉建国的初期，天下基本稳定，各项制度也基本沿袭秦朝，只是有些加以改善，史称"汉承秦制"。比如在中央，也建立起了以丞相为首的"三公九卿"制的中央政府，各级官员的职责也和秦朝时期的基本相同，只不过官员的名称略有改变，比如丞相在汉十一年更名作相国，九卿当中的奉常后改为太常，郎中令后改为光禄勋，点课后改为大行令，又更名大鸿胪，治粟内史改为大农令，又更名为大司农。和秦朝最大的不同就在于汉初在实行郡县制度的同时还实行了封国制度。

楚汉战争当中，刘邦为了分化瓦解项羽集团，调动各地实力派共同对项羽作战，陆续分封了八个异姓诸侯王。建国之后的六七年里，又通过包括武力在内的各种手段，扫除了除了长沙王吴芮之外的其他异姓诸侯王，后又陆续分封了几个同姓诸侯国。

汉武帝登基之后，社会经济、文化等各方面都有了非常大的发展，雄才大略而又好大喜功的汉武帝即从政治、经济和思想上全面加强中央集权。在汉朝中央，全面加强中央集权的标志是"中朝"的建立。原本在秦朝和西汉前期，中央管制是作为政府首脑的丞相全面负责制。丞相"掌丞天子，助理万机"，丞相府成为国家政务的运转中枢，国家的方针决策、全国的行政、司法财政乃至军事大权都集中在丞相的手上，皇帝的主张，假如得不到丞相的同意往往也很难实行。比如汉景帝和窦太后欲立王皇后的兄弟王信为侯，因丞相周亚夫坚持刘邦所定的"非有功不侯"的原则而作罢。汉武帝继即位初期，丞相田蚡大权独揽，几乎架空了汉武帝。汉武帝决定不允许丞相掣肘，他决定削弱相权，使丞相和他领导的丞相府失去对于国家大政方针的决策权，变成乖乖听自己命令的执行机构。为此，他必须在丞相府之外建立一个如身使臂的机构。这个机构就是以尚书台为依托逐步建立和完善的"中朝"。

尚书作为官职最早见于秦朝，在那时候，它是少府的属官，有尚书令、尚书朴射、尚书丞和左右诸曹吏，有自己的一套办事机构，但在整个政府机构当中并不重要。显然，此时的尚书不过是皇帝和丞相之间的传达命令的信使而已。西汉从建立到汉武帝前，尚书的职权基本上没有什么变化。汉武帝为了加强君权、削弱相权，便开始增强尚书的权力，使它办的事情越来越多，地位自然也越来越重要。它由过去的"通章奏"进而"拆阅章奏""裁决章奏"到最后的"下章"了。尚书令以及其他属官尽管在汉武帝时期逐渐位高权重，成为汉朝中央决策圈子里的任务，但是秩级不高，大都在六百石到千石之间。他们作为皇帝的秘书班子，虽然能得到很多额外的收益，因而忠心为皇帝服务，但是由他们指挥位尊的丞相毕竟不是那么方便。

于是汉武帝就任命朝中重臣以大司马将军的官职领尚书事，成为中朝的首领。比如汉武帝晚年，霍光以大司马大将军的官职领尚书事，权倾朝野，汉武帝崩逝之后，他辅佐汉昭帝，一言九鼎。汉昭帝病逝之后，在废立昌邑王和立汉宣帝的问题上，所有朝中官员都唯其马首是瞻。

中央的高级官吏外加"领尚书事""平尚书事""视尚书事"或者"录尚书事"来主持或者监管尚书台的工作，这些人并不是尚书令，而是皇帝在尚书台的代理人或者高级顾问。如此，这些高级官员既可以保持原来的禄位，又可以参与国家的重大决策，使中朝和丞相为首的外朝的关系比较容易协调。

西汉初年，国家还豢养了一支主要用来镇压农民的军队。在中央设有卫尉和中尉统领的南军和北军。南军守卫皇宫，北军守卫首都长安。在地方还有经常训练的预备兵。步兵叫作"材官"；骑兵叫作"车骑"；而水兵则叫作"楼船"。平时都由郡守和都尉或郡尉掌管，每年的八九月间举行一次检阅，叫作"都试"。

局势分析

秦朝创立大一统，但是因为暴政，秦二世迅速灭亡，王朝昙花一现。汉承秦制，出现了封建社会很少有的盛世局面，最主要是在新的历史条件下，根据客观历史条件的变化对制度进行了从内容到形式上的调整，在"汉承秦制"之时"随时宜而改"。

西汉时期，汉武帝以前，在制度上，基本上没有突破秦代的旧制。因此就有汉承秦制之说。但是汉制绝不是对秦制的完全复制，汉承秦制，有所损益。西汉在政治结构和政区体制上承续了秦朝的制度，但是吸取了秦亡的教训，在统治思想和政策上又与秦朝迥异。

秦朝建立统一的多民族的郡县制国家，汉承秦制，到了西汉时期，中原和西域各个民族、西南少数民族的关系都得到了加强。而秦朝时期采取的法家思想，焚书坑儒。西汉则吸取法家和道家的合理部分，之后又改造和发挥儒家的学说，强调天人合一，确立了儒家思想的正统地位。

说点局外事

公元前206年，当刘邦在咸阳以南的枳道旁接受秦王子婴的投降而进入秦都之后，出于反对暴秦的需要，宣布废除秦朝苛政，并且和民众约法三章。但是没过多久，就发现约法三章失之太简，很难规范这复杂的社会生活，于是就命令萧何"作律九章"，内容除了盗、贼、囚、捕、杂、具等六律之外，还增加了关于婚姻、赋税等内容的户律，关于擅兴徭役等内容的兴律，以及关于畜牧马牛之事的厩律。与此同时，还令叔孙通确定了朝仪规定。

汉文帝时期，晁错担任内史，对汉律做了部分更定。以九章为代表的汉律基本上继承了秦律繁密苛酷的特点。汉高帝之后，随着黄老政治的推行，才逐步废去那些特别严酷的条款。比如汉惠帝除挟书律，高后的除三族罪和妖言令，汉文帝除孥相坐律令和处以族灭之刑的诽谤妖言罪。

汉律大体沿着秦律的方向修改，"断狱数百，几至刑措"。但是到汉武帝时期，出于加强专制统治的需要，汉律又转向严苛。汉律和秦律很接近，但是也有明显的不同，即汉律把调整礼仪规范和刑律结合在一起，甚至"以《春秋》决狱"，显示了儒家的思想影响。张汤担任廷尉和御史大夫的时候，就专门任儒生为属吏，以便在执法的时候随时附会经书义理。

刘吕相争

汉惠帝于公元前188年驾崩，去世的时候只有24岁。汉惠帝在位的7

年，没有留下子嗣，吕太后只得命令汉惠帝的皇后张嫣收养皇亲婴儿刘恭（据说这个刘恭是汉惠帝和宫中的女官生下的孩子）并且把这个孩子立为太子，将他的生母杀害了。

这个孩子在汉惠帝死了之后便坐上了皇帝的宝座，吕太后也开始名正言顺地临朝执政。这时候的吕雉大权在握，气焰也是不一般的嚣张，对刘家的打压迫害更是不遗余力。为巩固自己的权力，她更是公然将刘邦遗下的"白马之盟"撕毁，并且要将吕家的人立为王。

这时候的吕雉权势冲天，大臣们都是敢怒不敢言，只有右丞相王陵是个性子比较直的人，他站出来驳斥道："高祖皇帝离开的时候宰了白马立下盟约，非刘姓不应当封王，太后怎么能这么做！"

吕雉听了十分不悦，转头问左丞相陈平和太尉周勃的意思。陈平和周勃两个人却说："高祖皇帝平定天下，立自己的子弟为王，自然也是对的。现在是我临朝，封自己的子弟为王，也没有什么不可以。"

吕雉听了以后十分高兴，从那之后，便陆陆续续将自己的内侄和侄孙都封了王，并且还让他们掌握了军权。比如她将自己的侄儿吕台、吕产和吕禄封为将，并让他们掌握了南北军的统帅权。紧接着，胁迫陈平和周勃同意她封诸吕为王。这可惹怒了忠于汉高祖的右丞相王陵。

散朝了以后，王陵怒斥陈平和周勃："当初先帝病逝的时候，你们在他的跟前可都是发过誓的。现在先帝尸骨未寒，你们便违背了誓言，怎么能对得起先帝的在天之灵。"陈平和周勃听了以后并没有惭愧，反而说："在朝廷上和太后当面争论，我们无法和您比。但是保全刘家天下，您可比不上我们。"当时王陵听着这番话自然非常唐突，甚至还有点虚情假意。但是后来的事实证明，这两个人在之后刘家和吕家最终的争权大战当中，发挥了非常重要的作用。

公元前181年，吕雉将反对封诸吕为王的王陵职位免去，在晋升陈平为右丞相的同时，任命自己的亲信审食其为左丞相，成为汉朝中央政府的第二号首脑，实际上控制了全国的行政大权。在此以前，他已经下诏追封其父吕公为吕宣王，其兄为悼武王。

之后她就封吕台为吕王，吕台死了之后，又命令他的儿子吕嘉继承王位。

公元前184年，又封自己的妹妹、樊哙夫人吕嬃为临光侯，封昆弟子吕他为俞侯，吕更始为赘其侯，吕忿为吕城侯。封吕嬃为侯是吕后封女子为侯爵之始。同年十月，吕后以吕王嘉"居处骄恣"为口实，废掉了他的王位，封死去的肃王吕台弟吕产为吕王。公元前181年二月，改封吕产为梁王，为帝太傅，留京师襄理政事。稍后，吕后又封吕禄为赵王，追尊其父为赵昭王。吕后又封吕台之子东平侯吕通为燕王，其弟吕庄为东平侯。

从公元前188年汉惠帝去世，到公元前180年吕后病逝，八年之中，吕后共在其宗族至亲当中封了张偃、吕台、吕嘉、吕产、吕禄、吕通六人为王，吕种、吕平、吕嬃、吕他、吕更始、吕忿、吕庄等十余人为侯，再加上其他异姓的亲信封诸侯者二十人左右，共封三十余人。这些王、侯之中，除了个别刘氏宗族心向刘氏集团以外，绝大部分都是吕后的私党。以这些人为核心，再加上朝廷内外一部分攀龙附凤的文武官员，组成了吕氏外戚集团，在一段时间内掌握了汉朝的绝大部分权力，成为当时政治的重心。

吕后一家夺了刘家的权，整个朝廷大权几乎全部落在诸吕的手中。皇室正宗的刘家人自然是心有不甘。

汉高祖有个叫刘章的孙儿，封号为朱虚侯，他的妻子是吕禄的女儿。一次，吕后办了一个晚宴，指名让刘章担任监酒吏。刘章就对吕雉说："臣是将门的后代，请允许我按照军法办事。"吕后没有多想，便答应了。席间，宾主尽欢，大臣们和吕家掌权的人都喝得热热闹闹的，非常高兴。刘章看见他们喝得很高兴，心里非常不屑，就趁着酒意提出要给大伙唱一个耕田歌来助助兴。

吕后也觉得非常有趣，便允许刘章唱。刘章便放开嗓子唱了起来："深耕概（jì）种，立苗欲疏。非其种者，锄而去之。"这首歌的意思就是，耕田要耕得深，苗要栽得疏。不是好的种子，就应该把它锄掉。暗讽了吕雉为了权力将吕家人全部都往朝堂上弄，其实满地都是歪瓜裂枣。

吕后听了面露不快，大臣们的心中也都有异样，但都是沉默不语，席间气氛一下降低不少。等到酒席快要结束的时候，有个吕家子弟喝醉了，所以起身不辞而别。刘章听了之后连忙追上去，借口因为他违反宴会的规矩，当场就把他给杀了。

待到醉醺醺的刘章将这件事情向吕后禀报了之后，左右大臣顿时噤若寒蝉，吓得脸都绿了。吕后当时的愤怒更是可想而知，但是允许刘章按照军法办事的是自己，他也喝醉了，最终还是忍了下来。

由此可以看出，当时刘家和吕家两族之间的矛盾是非常尖锐了，虽说吕家占了上风，但是刘家也有让吕家忌惮的潜在实力。两方面虽然和煦，但是暗地的权力争斗，已经到了恨不得食其肉的地步。

公元前180年，年近七旬的吕后病情严重。她预感到自己将要别于人世，也清楚地知道刘氏集团绝对不会甘心于屈居吕氏集团的统治之下。她死了之后，两大集团必定会有一场你死我活的斗争，因而精心地做了应变的准备。她任命赵王吕禄为上将军，统率北军，吕产统率南郡，控制了京城和宫廷的卫戍部队。她谆谆告诫吕禄和吕产：吕家虽然掌权，但是大臣们多有不服。我死了之后你们一定要带领军队保住帝都，不要出去为我送殡，免得遭人暗算。

到了八月，吕太后病逝，终年62岁。一场汉朝的权力更迭、争夺，也在吕雉的丧礼下暗暗汹涌开来。

局势分析

汉高祖以"白马之盟"确立了"三分权力"中的"三权"，即以皇帝为代表的宫廷势力、地方刘氏诸侯王，以及支配帝国中央政府及各级地方政府的军功集团。

吕氏家族吕台、吕产、吕禄等人入驻长安南北军为将，意味着吕后不但掌握了各宫殿的出入守备，完全控制了宫廷；而且还掌握了长安城内外的出入守备，控制了京城；甚至还可以说，对长安城内的各级政府机构及军功大臣们也构成了一种威慑。

这种威慑效应的出现，其实恰恰表示汉高祖白马之盟中的"三权分立"再次获得确立。因为汉高祖的死迅速衰弱的"宫廷势力"，在吕后的苦心经营下，终于再一次得到重建，而且其影响力也并不逊于刘邦当年的个人威望。

用今天的话来说"白马之盟"其实就是组建吕氏集团的"法理依据"。

一方面吕后以各种物质赏赐和精神赏赐大力笼络军功集团，给予他们田宅等，另外一方面又积极组建和培植成熟的宫廷势力，以之与军功集团相抗衡。这种两面手法并没有超出刘邦"白马之盟"的范围，即依靠又制约，真可谓是中规中矩。但其结果是在吕后去世以后酿成了一场流血的政变。而军功元老们则在关键的时刻支持刘氏皇族取得胜利。尤其是军功元老集团的首席代表周勃，在史书上留下了"安汉必勃"的佳话。

说点局外事

在吕雉死之后的刘吕相争当中，左丞相陈平和太尉周勃携手诛灭了诸吕的势力，替刘家夺回了这大汉天下，并且迎立汉文帝刘恒即位。但是这当中，周勃的功劳是最大的。后来，汉文帝把周勃封为右丞相，位置在左丞相陈平之上。

某天，汉文帝想要了解一下国家的事情，于是就问右丞相周勃：全国一年当中要审理多少案件。周勃听了低着头回答说不知道。

汉文帝又问：全国每年收入和支出的金钱是多少。周勃急了一身的冷汗，汗水多得将脊背的衣服都弄湿了，因为他还是回答不上来。

汉文帝没有办法，只得问左丞相陈平。陈平说："这些事情分别有掌管的人。问审理案子的事情有廷尉；问财务的事情有内史。只要问他们便知道了。"汉文帝听了点点头，非常满意。周勃觉得非常惭愧，自己的应答和机智都不如陈平，于是便辞去了右丞相的职位。这就是有名的"汗流浃背"的典故。

灭绝人性的"人彘"惨案

吕雉当上皇后以后，变成后宫中最具有权势的女人，拥有着天下女人中最高的荣耀。然而她并不甘心，她深深明白，如果刘盈的太子之位保不住了，那么她以后的路也会变得黑暗起来。于是，为了儿子，为了自己的地位，她想尽了一切办法。

吕雉是刘邦的结发妻子，册封皇后当然非她莫属，她的儿子刘盈因为是嫡子，所以被立为太子，是皇位的合法继承人。其他刘邦先后娶的女人都被封为妃子，在那时被称为姬或夫人，她们所生的儿子也都被封王封侯，拥有自己的封地。吕后对于丈夫朝三暮四、情欲上的泛滥，自然很不高兴，她妒忌那些夫人和她们所生的儿子，把她们视作眼中钉、肉中刺。尤其是戚夫人。

吕后辅佐刘邦，在汉朝建立后的七年间，先后翦灭了韩信、彭越、英布、陈豨、卢绾等异姓诸王，打击了分裂割据势力，巩固了汉朝的统一，客观上符合了人民要求统一、安定天下的愿望，这是积极的一面。但其根本目的还是为了保住汉室江山、刘氏天下的长久。在此过程中，吕后显示出不凡的政治才干，为人刚毅果敢，处事多谋善断，审时度势。可是，她的心狠手辣又令满朝文武敬畏，甚至刘邦也为之悚然。还应该强调的是，吕后的势力已渗入朝廷，并成为以后夺取刘氏天下的一股潜在力量。

刘邦死后，吕雉非常镇定，立即开始部署杀害戚夫人，于是在刘邦死后的第四天，她在鸣丧钟的同时将戚夫人逮捕，特别符证也在这时发放下去。当然这种符证只发给了极少数吕氏的宗室子弟。刘盈出现在未央宫议事殿的正中，威严地登上宝座。

吕雉终于熬出了头，刘邦死后，汉王朝就成了她的天下。刘盈生性懦弱，事事都要吕雉帮忙扶持，所以现在的吕雉是权势最大的时候，也是她最得意的时候。

吕雉诛杀功臣的计划虽未实现，但她开始排除异己，培植吕氏家族当权，她要把刘氏势力逐渐削弱，以除后患。

说到后患，那么最能威胁到刘盈皇位的一个人便是戚夫人和她的儿子赵王如意。戚夫人曾经多次向刘邦提出立如意为太子，吕雉那时候虽然气愤，但是也不敢对戚夫人做什么。而现在不一样了，刘邦已经过世，她现在是宫中的第一人。于是，吕太后便派使者到赵国，要召赵王如意进京。

但是相国周昌以年岁已老，赵王年幼，不便远行，事务繁忙不能脱身为由拒绝去见吕雉。吕雉知道后十分生气，但她也没有办法。这时刘盈来给吕雉请安，她突然心生一计，便让刘盈给赵王如意写信，因为他们从小关系就很好，如意也很信任刘盈，于是，如意不顾周昌的劝解来到了京城。刘盈猜到了母亲的计划，于是只能天天和如意同食同寝，保护如意。可没想到还是没有保护好如意的安全。

两天之后，惊魂未定的刘盈一边吩咐安葬了如意，一边明察暗访查出了害死如意的人。果然是吕雉的意思，她派人趁刘盈清早练功之时潜入内寝宫，用毒酒毒死了如意。

刘盈心里一阵阵酸楚，他总觉得太对不起弟弟，只要一想起如意，他就痛苦不已。

从这天开始，刘盈就完全不过问任何事了，整天除了吃就睡，或者与身边几个宫女鬼混，身体一天天消瘦下去，整个人完全变得麻木了。

吕雉除掉了如意之后，放心了许多，认为这下可以由她来执政，刘盈也完全可以操纵在她手里了。因此，她下令将后宫所有嫔妃做了一番审查，对稍不放心的或打或杀，一时间耍尽了威风，朝中大臣个个怕引火烧身，都服服帖帖的，一时间出奇的平静。

周昌听说赵王惨死，悔恨自己没有保护好他，辜负了刘邦的重托，因此称病不朝，不到一年便死去了。

吕雉杀死了戚姬的儿子后，就更加惨无人道地迫害戚姬。刘邦死讯传出的当天，吕雉就派人把戚夫人抓了起来，并将她送去永巷。

永巷，是当时宫廷的管教所。这里没有红楼翠阁，没有画栋雕梁，只是修建了一些简单的亭台。关到这儿的嫔妃、宫女，大都是因为得罪了皇后送来管教的。被送来的嫔妃、宫女们，按原来在宫中的地位和过失的轻重，大体分了三等。第一等是过失轻微的，这些人做一些较轻的活计，如编织、缝纫等；第二等是较重的罪行，这些人就做些粗重的活儿，如洗衣服等；第三等是罪行最重的一类，这些人就只能做劈柴、和泥、舂米之类的重活。所有这些杂务，都是为宫廷中的生活服务的。

有一天，吕雉吩咐婢女把戚夫人带到宫里来。戚夫人来到吕雉面前，这个时候，她已知道吕雉的权威了，不由得低下了头。一进门，便双膝跪下，浑身瑟瑟发抖，悄悄地抬眼向上望了望，只见吕雉满面杀气，威坐堂中，两旁站立着数十名体型健硕的宫女，戚夫人心里暗惊："今天这场毒打是免不了的了。"实际上，戚夫人把事情想得太乐观了，今天并非毒打，而是要遭受比毒打厉害一万倍的处罚。

吕雉命人将戚夫人带到永巷宫内的一处茅厕外，把事先煎好的聋耳药灌进了她的耳朵，随着戚夫人的惨叫声，又把致哑药灌入她的口中，不过数刻钟，戚夫人已叫不出声来，只是大张着嘴，捣蒜似的在地上磕头，求宫女们放过她。

这些宫女有谁敢放她，她们都是按吕雉的旨意行事，不但没有放了她，接着又把戚夫人的眼珠子挖了出来，把双手和双脚切了下来。可怜这时的戚夫人受着这种奇刑，连喊叫都喊叫不出来，只是斜躺在地上有一声没一声地"哼哼"着，全身血肉模糊，没有了人形，宫女们随后把她扔进了厕所。第二天，戚姬就死了。这种名目，吕雉别出心裁地叫作人彘，即像人非人、像猪非猪的东西。

过了几天，吕雉竟叫汉惠帝前来观看，汉惠帝问那是什么，有人告诉他那就是戚姬。

汉惠帝见到这种景象后，回到宫中大哭不已，生病一年，不能起床。这一天，汉惠帝一大早便召来宫女，让她把奏章和玉玺一并交给太后。奏章上说："您把戚姬弄成那个样子，不是人能做出来的事。我作为您的儿子，到底还是不能治理天下，还是由母后掌管玉玺吧。"

吕雉看完这封奏文，心里涌起一股说不清道不明的滋味来。她有些后悔，但并不是为惨杀戚夫人母子后悔，而是后悔不该让刘盈去看"人彘"。同时，吕雉还有几分得意。得意的是，从此那个摆设似的皇帝儿子不问国事也好，大权握在自己手中，少了一道麻烦，反而称心如意了。

从此，汉惠帝纵酒淫乐，不理朝政，消极颓废，于公元前188年忧郁而死。

局势分析

在吕后统治的时期，不管是政治、经济、法制和思想文化各个领域，都得到了全面的发展，为"文景之治"奠定了坚实的基础。

其实，吕雉之所以会变成这样狠毒的人，应该说和刘邦有着很大的关系。

首先两个人长期分居，关系比较疏远，感情也很冷淡。刘邦在吕雉为他做出巨大牺牲之后依然没有挽留住他的心，再加上戚夫人不断地挑衅，这让吕雉倍感人情冷漠。于是她的报复欲望就这样被激起了。

吕雉在夫妻感情经营失败以后，地位又遭受到威胁，这些都算得上是让吕雉变成"毒妇人"的原因。其实她也是想要做贤妻的，她从一开始也是这样做的，但是冥冥之中似乎有那么一只手，强行改变了她，把她拉到了心狠手辣的"毒妇人"的道路上。

也正是因为她的狠毒，才能让她执掌朝政 15 年。

说点局外事

吕雉唯一的儿子死了，她很难过。但是难过之后她也有着一丝高兴，因为她早就做好了准备，甚至暗暗庆幸自己的做法，她终于可以临朝称制了。

在刘盈刚登基时，吕后就在筹备他的婚事了。善于谋划的她早就为以后做打算了，儿死立幼，她有着先见之明。

吕后为汉惠帝完婚，本想早些抱上皇孙，可日子一天天过去，儿媳的身子虽然日渐丰满，可肚子总没见鼓起来。于是她就派亲近内侍找儿媳询问，这才知道汉惠帝由于荒淫过度，身体逐渐不支，婚后与张嫣同床的次数也屈指可数。吕后无奈，只好另想办法。过了几天，有个美人向吕后报喜，说她已怀有身孕。吕后一听，计上心来，亲近地拉起她的手，说过几天就册封她为正妃，嘱咐她不要到处走动，以免动了胎气。

这位美人走后，吕后立即安排几位亲近侍女以替她保胎为名，将她迁入一个隐秘的住所，天天由两名宫女侍候着，但不能走出庭院半步。这个美人还以为是太后的恩宠，抚摸着日渐隆起的肚子美滋滋地笑个不停。然后，吕后又密令张嫣诈称自己有了身孕，每天往怀里塞些棉絮，外人不知真相，都纷纷跑来向皇后贺喜。

到了那位美人临产的那天，张嫣也装作肚子疼，又是烧水，又是叫御医，一直忙活到半夜，才"生"出一个男婴，被立为皇太子。可怜这孩子的生母刚刚经受了做母亲的痛苦，还没等看上孩子一眼，就被残忍地杀害了。

在刘盈死后，吕雉就把这个皇太子——刘恭推上皇位。至此，吕雉终于临朝称制了。

周勃灭诸吕

吕产和吕禄兵权在握，知道刘家的那些老小和忠于刘家的大臣们肯定不会就此放过他们吕家的。刘吕两家的仇恨也基本上到了不死不休的地步，于是在一次密谋当中，吕产提议与其等着刘家回来夺权，还不如反了，立吕家的后人为帝，这样刘家就不能把他们怎么样了。

但是诸吕毕竟也不是什么有见识的人，而且朝中还有一群老臣，因此他们一时半会儿也都不敢动手，只得暂时隐忍，伺机而动。

刘章从妻子那知道了吕家的阴谋，于是便告诉了周勃和陈平。他们在知道吕家要发动叛乱以后，即刻想到先发制人，可是兵权在吕家人的手中，于是他们便谋划了一个办法。

他们先让刘章派人去告诉他的哥哥齐王刘襄，说诸吕谋反了，然后要他从外面发兵攻进长安。齐王刘襄接到了刘章的消息之后，二话没说，举兵向西一路朝着京师而来。

吕产在得到了消息之后，马上派将军灌婴带领着大军去平叛。灌婴是汉高祖时期的旧臣，也是随着刘邦一起打天下的老部下，本身就是一个忠刘派。刚到荥阳，灌婴便召集自己的部将说吕氏统率大军，想要夺取刘家的天下，假如说我们向齐王进攻，岂不是在帮助吕氏叛乱吗。众人听后都觉得很有理，商议之后便决定按兵不动，并且暗地里去通知齐王刘襄要他联络诸侯，等到时机成熟后一起讨伐吕氏。

齐王收到消息之后，停止攻势，开始联络诸侯。

而在帝都的吕产和吕禄等诸吕在随后不久就收到了密报说四下诸侯隐约都有起兵的意思。诸吕当中也并没有什么大才的人，都是受到吕后的庇佑升迁才有了荣华富贵。知道这个消息之后，一时间都慌了手脚。

这时候，陈平找到大臣郦商的儿子（和吕禄是好朋友）郦寄。让他去劝说吕禄：太后刚刚死，皇帝也太年幼，身为赵王您却留在长安带兵，大臣诸侯难免会有些怀疑。假如您可以把兵权交给太尉，回到自己的封地，诸侯起兵的心自然就没有了，大臣们也就会心安了。

于是这郦寄便前去找吕禄说：这高帝和吕后共同定的天下，立了刘氏九个人、吕氏三个人为诸侯王，这可都是经过朝廷大臣们商议后决定的，并且已经向天下公布的事情，诸侯都认为这样做非常符合常理。现在太后驾崩了，皇帝也尚且年幼，您身佩昭王的大印，不即刻返回封国镇守，却留在京师统兵，必定会受到大臣以及诸侯王的猜忌。您何不将大印交出，将军权还给太尉，请梁王归还相国的大印，您二人和朝廷大臣盟誓之后各归封国呢？这样一来，齐国必定会撤兵，大臣们也自然心安。您高枕无忧地去做方圆千里的一国之王，这是造福子孙后代的好事啊！

吕禄听了郦寄的话之后，心有所动，在交割以前，派人将这个打算告知了吕产以及吕氏的各个长辈。有的人同意，有的人反对，吕禄便犹豫不决起来。

假如说将兵权交给别人，吕禄自然是不信，但是交给太尉周勃、左丞相陈平，他们可都是吕后生前力拥之人。因此，吕禄便打算将兵权交给周勃和陈平二人。

吕禄常常和郦寄结伴外出游猎。有一天出游，吕禄途经姑母吕媭家，便去拜见姑母，并且把自己的打算告诉了她，但是却遭到了吕媭的怒斥，吕媭说：身为上将如果轻易地放弃了军权，从此之后吕氏就没有地方可以安身了。说完还把家中的珍珠宝物全部都拿了出来，抛洒到堂下，说再也不必为别人守着这些东西了。

九月初十的早上，御史大夫平阳侯曹窟来和相国吕产议事，刚好赶上郎中令贾寿出使齐国回来，埋怨吕产不早一点去封国，现在即便是想去，恐怕也去不成了。随即又把灌婴已经和诸侯联盟想要诛灭吕氏的情况告知了吕产，并且催促吕产迅速进入皇宫，想办法自保。曹窟听了贾寿的话便找借口遛了出来，快马加鞭前去向丞相以及太尉报告。

周勃眼见事情愈演愈烈，于是便想要进入北军营垒试图控制北军，只是被卫兵阻挡无法进入。襄平侯纪通负责管理皇帝的符节，周勃便直接奔到纪府，命令他持节，并称奉了皇帝的命令允许太尉进入北军营垒；另外指使郦

寄和典客刘揭去诈吕禄，称皇帝指使太尉代掌北军，要吕禄去封国就位，即刻将印交出，不然就会有祸事发生。

吕禄觉得郦寄肯定不会欺骗自己，于是就将军印交给了刘揭，准备去封国。刘揭忙将军印转交给了周勃。周勃和陈平持了军印一同进入北军，但是这时候吕禄已经离开了。周勃马上召集全体的将士说道："拥护吕氏的袒露右臂，拥护刘氏的袒露左臂！"刚说完，将士们全部都袒露左臂。周勃遂得了北军指挥权。但是还有南军没有被控制，于是陈平召来朱虚侯刘章辅佐太尉。周勃命令刘章监守军门，又担心吕产挟持少帝以令天下，随即命令曹窋通知宫门卫尉，不许相国吕产进入殿门。

吕产这时候还不知道吕禄已经离开了北军，因此想进入未央宫议事。他来到殿门前，卫兵们不让他进去，他不知道是什么原因，只得在殿门外面徘徊。平阳侯曹窋怕难制止吕产入宫，于是便策马去告知太尉。周勃尚恐不能胜算，不敢公开宣称诛除吕氏，便对刘章说："你马上进入皇宫保卫皇帝！"刘章领会了他的意思，请求带兵一同前往，周勃拨给了他一千的士兵。刘章率领士兵进入未央宫门，见到吕产一帮人正在朝廷当中。

到了傍晚，朱虚侯立即率兵向吕产发出冲击。吕产逃走了。这时突然狂风四起，吕产的党羽也慌乱了，都不敢接战搏斗。刘章率兵追逐吕产，吕产被逼得无路可逃，躲进了郎中府的茅厕，被刘章手下的兵揪了出来就地处死。

刘章杀死了吕产之后，皇帝便派谒者持节前来慰劳刘章。刘章想要夺节，但是谒者不放手，刘章就和谒者一同乘车凭节在宫中驱车疾驰，斩长乐卫尉吕更始。事毕返回北军，报告太尉。太尉大喜，起身向刘章拜贺说，吕产是最令人头痛的，现如今吕产已被杀，天下基本已定。于是便派人分头逮捕所有吕氏家属。不管男女老少，一律处死。

吕禄尚未动身，便在家里被捉，当即乱棒打死。樊哙的儿子樊伉也因为母亲吕媭的牵连被诛杀。接着一面派人诛杀燕王吕通，废除鲁王张偃，一面叫刘璋去告知齐王，吕氏已经被诛灭，令齐国罢兵。

灌婴听到诸吕已经覆灭，悬着的心也放了下来。得知魏勃起初还曾经在齐国弄兵，便派人找来魏勃责问。魏勃说道："在家里失火的时候，怎么可能有时间先请示长辈之后再去救火呢。"说完之后就退到一边，两腿不停地颤抖。灌婴审视着魏勃说："你也不过如此。"于是赦免了魏勃不再追究。

在这场诛灭诸吕保全刘氏的战争当中，周勃的功劳毫无疑问是最大的。随后被吕氏捧上帝位的那个皇帝被废。刘邦的儿子刘恒在周勃等大臣的拥护之下，继承了大统，即为汉文帝。

在汉文帝手下，周勃可是厥功至伟，威震天下，还好他也明白功高盖主的悲哀，自动请辞右丞相，虽然两上两下，但是干了两年之后最终告老还乡。虽然之后曾经被人诬告谋反陷入牢狱，但是吉人天相的他最终幸得搭救，幸免于难。

局势分析

平定诸吕实际上迎来了西汉的文景之治这一稳定时期。而且因为平叛诸吕的日子是正月十五，因此，每到这天的夜晚，汉文帝都会微服私访与民同乐，以纪念这来之不易的太平盛世。在古代"夜"就是"宵"，正月又称作"元月"，汉文帝就把正月十五日设定为元宵节，这一夜就叫作"元宵"，也叫作"元夕""元夜"。

说点局外事

在针对吕氏集团的政变当中，刘邦"安刘必勃"的预言成为现实，周勃暴得大名。"安刘必勃"这个典故出现在《汉书·高帝纪》当中。记载着刘邦病危之时和吕后的一段著名的对话。"吕后问计曰："'陛下百岁后，萧相国即死，令谁代之？'上曰：'曹参可。'问其次，上曰：'王陵可。然陵少戆，陈平可以助之。陈平智有馀，然难以独任。周勃重厚少文，然安刘氏者必勃也，可令为太尉。'吕后复问其次，上曰：'此后亦非而所知也。'"果然在吕后死了以后，周勃和陈平等合谋智夺吕禄的军权，一举诛灭吕氏诸王，拥立汉文帝，后官至右丞相。

但是这份遗言的真实性还是比较可疑的。而对于"诛吕安刘"这一谎言，当时就有很多人识破，看出它不过是军功集团的一场政治阴谋。当军功集团

决定迎立代王刘恒为帝的时候，代王郎中令张武即认为此事不可信。刘恒和薄太后也觉得可疑，因此行事非常谨慎，没有立刻前往长安，而是先派亲信宋昌去长安探听虚实。并且袁盎还曾对汉文帝说过："陛下从代乘六乘传，驰不测渊，虽贲、育之勇不及陛下。"因此可见政变之后由功臣势力控制的京师被人视为是不测之地。刘恒坐上皇帝之位的当天晚上，便将亲信宋昌任命为卫将军、张武为郎中令，将南北军收归自己所有，对周勃这些军功大臣们的疑忌也是显而易见的。

文景之治

刘邦死了以后，黄老之学走进了汉朝的庙堂，成为惠帝、吕后、文帝、景帝时期近 60 年间汉朝政治上的指导思想。确切地说，黄老之学之所以受到汉初统治者的垂青，就是因为它适应了汉初国家和百姓在长期战乱之后要求社会稳定、与民休息、发展生产、安定民生的愿望，这其中包含着对秦朝因"极武"二世而亡的深刻反思。

这种思想为西汉初年轻徭、薄赋、节俭、省刑为内容的与民休息政策提供了理论上的指导原则。在黄老思想指导下的黄老政治，对西汉初年社会经济的恢复和发展起到了非常积极的作用，造就了著名的文景盛世。

文景之治，说的是西汉汉文帝、汉景帝统治时期。这也是中国历史上的一个治世。秦朝末年大规模的农民战争和四年的楚汉之争，致使社会经济遭到了非常严重的破坏。西汉初年，国库空虚、百姓贫困。根据史书上记载的当时情况是因为长期的战乱，百姓们无法进行正常劳动生产。土地大面积荒芜，到处都有饥荒的现象，甚至还发生了人吃人的现象，百姓死的过半。甚至连皇帝也坐不上四匹纯色马拉的车子，将相们也只能坐牛车。

西汉开国以后，面对着这样的社会情况，恢复农业和发展经济成了巩固统治的当务之急。因此，汉初的统治者们采取的都是休养生息的政策。减轻农民徭役赋税负担，注重发展农业生产。一直到文景两代，这一政策依旧被大力推行，因而促进了社会经济的迅速发展。

文景时期，统治者重视"以德化民"，社会的发展比较安定。又经过长期的休养生息，百姓们慢慢富裕了起来。等到了景帝的后期，国库终于慢慢充盈。根据史书的记载，当时国家的粮仓丰满，新谷压陈谷，一直堆到了仓房外；府库当中的铜钱也因为常年不用，穿钱的绳子都烂掉了，钱多得无法计算了。历史上将这一时期的社会安定、人民幸福的治世称作是"文景之治"。

在中国封建社会当中，农业是最主要的经济部门，是其他社会经济部门发展的基础。汉文帝在位期间五次下诏劝课农桑，重申重本抑末的政策。他多次指出农为"天下之大本"，"民所恃卫生"，"道民之路，在于务农"，表现了对农业生产重要性的清醒认识。汉景帝时期，曾经两次下诏，要求各级官吏劝课农桑，重申重本之策，严禁官吏经商盘剥百姓。

汉高祖死后，大权落在了吕后的手中，吕家外戚掌握了朝廷军政大权。公元前180年，吕后薨逝，太尉周勃、丞相陈平等大臣趁机将吕氏一门一网打尽，迎立代王刘恒入京为帝，他就是汉文帝。汉文帝以俭约节欲自持，是个谦逊克己的君主，他好"黄老之学"。他在位的二十三年，对肯定汉初封建统治秩序、恢复利益发展经济起到了非常重要的作用。

汉文帝非常重视农业生产，他鼓励农民发展生产。注重减轻人民的负担，并且经常颁布减少租赋的诏令。公元前178年和公元前168年，他分别两次下令"除田租税之半"，把租率减少为三十税一。公元前167年，全免了田租。并且曾经多次下令劝课农桑，根据户口比例设置三老、孝悌、力田若干人员，另外给予他们赏赐，以鼓励农民生产。随着生产日渐得到恢复并且迅速发展，出现了多年未有的繁荣景象。人民的生活水平得到了很大程度的提升，同时汉王朝的物质基础也大大增强，是中国皇权专制社会的第一个盛世。后为文景之治、也为汉武帝征伐匈奴奠定了非常坚实的物质基础。

在外交方面，汉文帝对周边敌国和少数民族采取安抚友好的政策，不轻易用兵，努力地维持和平关系。这种做法不单单起到了"御胡"的目的，同时也起了边境开发的作用，是为汉代屯田之先。

在生活方面，汉文帝非常节俭。他临死的时候下诏：不用金银贵重物品殉葬，只用一些陶器；修建陵墓也尽量省工。天下万物有生就有死，也不必过于悲伤。丧事也要一切从简，还将宫中大部分的美女都放回家。

他除了自身带头节约以外，更重要的是他坚持保境安民的原则，尽量避

免用兵作战。当时有军事将领建议出兵，恢复秦王朝时疆土。但是汉文帝却说：希望边境保持和平安宁，好处就很多了，暂且不必要考虑用兵攻取。因他采取守势，努力减少军事活动，这样就使得人民徭役负担大大减轻，有可能安心生产，社会经济逐步恢复发展，粮食价格也降到十多钱一石，全国呈现出一派和平繁荣的景象。

另外，他还接受先秦儒家的"民本"思想，宣称"天生民，为之置军以养治之"，"昔先王远施不求其报……先民后己"，认为作为皇帝应当先办好民众的事情，先考虑民众，使他们安居乐业。

因此，同以往帝王堵塞言路的作风相反，汉文帝比较能鼓励臣民发表意见，大小群臣提出的建议他都能认真听取。讲得对的就嘉奖，错的就不采纳，也不追究责任。

公元前 157 年，汉文帝去世，葬在霸陵，终年 46 岁。

汉景帝刘启，是汉文帝的长子。汉景帝在位的 16 年，依然沿用汉文帝的黄老之术，实行无为而治，节俭爱民。因剥夺诸侯王封地，引起了七国之乱，幸好太尉周亚夫平定。七国的势力经此一役，大打折扣。自此中央权力更加稳固。

史书上记载的汉景帝是一位褒贬不一的皇帝。在他当政的时候，主张克制自己的欲望，以引导人民向善，让百姓对中央政权的认可度得到提高。凭借此巩固汉朝的统治，文景之治才得以实现。从这个角度来看，汉景帝不失为一代明君。

但是，文帝时期的一些相对比较宽松的法律到了景帝的时候却被取消了。他所重用的大臣几乎都个个不得善终。而且在他的陵墓附近还发现了大批的殉葬品，这为他后世的形象涂上了不光彩的一笔。只是总的来说，他的统治是非常清明的，他在位时候社会也是比较安定的。汉景帝在位了 16 年，去世的时候 48 岁。

经过两代皇帝 41 年的治理，终于迎来了西汉前期的太平盛世——文景之治。其表现首先是农民的负担大大减轻。从汉高祖到汉景帝后元三年，前后一共 62 年。这期间，是农民负担最轻的时期。从公元 167 年开始，连续免除全国天赋长达 11 年，农民没有了农业税的负担，这在封建社会是绝无仅有的。西汉前期70余年农民负担一直很轻，这是历史上公认的。此外，这一时期的西汉人民富足，社会安定。这样和谐的社会在中国历史上也是少有的。

但是这个时期最重要的也最显著的一个特点，还是经济发展迅速，国家财政充实。经济经过了将近70年的发展和繁荣，国家财政和建国之初相比，有了天壤之别。到汉武帝即位的时候，财力已经达到了非常雄厚的地步，这在中国封建社会中也是非常少见的现象。

只是文景时期的"与民休息"政策的目的是加强对农民的控制，进一步巩固封建统治，一些看来对农民非常有利的措施，实际上对地主、商人更有利。同时，汉文帝为求得政治上的安定，对同姓诸侯王的权势虽有所限制，但是未能采取有效措施消除其动乱隐患，公元前154年发生的七国之乱，与此有一定的关系。

局势分析

"文景之治"所展现出来的太平盛世，其实是通过轻徭薄赋政策取得的。汉文帝和汉景帝有个共同点，那就是都信奉"黄老之学"和"无为而治"，但是这一国策也不是无所事事，放任自流的"无为"。从政策措施来看，是积极"有为"的。

目的就是要建立一个平静稳定的生产环境，尽力将对生产活动的干扰降到最低，努力保证农民的劳动所得可以得到保障。

在中国古代的封建社会，国家的财政收入多少、富人的收入高低并不是太平盛世的标志，更重要的是人民富裕的程度，尤其重要的是农民的富裕程度。

说点局外事

在平定了七国之乱以后，汉景帝趁热打铁，进一步采取削弱和控制诸侯王的措施。首先，继续推行"众建诸侯而少其力"的政策，陆续在吴、楚、齐、赵旧地分封13位皇子为诸侯王，使诸侯王的封地日渐缩小，谁都无力和

朝廷对抗；其次，从制度上贬抑诸侯王的地位和权力。

公元前145年，汉景帝下诏剥夺诸侯王在其封国内行政抚民的权力，这一权力由朝廷任命的官吏行使。这样一来，诸侯王也就成了"衣食租税"的大地主。同时，改易诸侯王国的冠名，削减大批官吏，使诸侯王地位大大降低，他们在规模和仪制上也就没有办法和朝廷抗衡了。自此之后，诸侯王的地位仅次于郡守，但是却没有郡守的权力，朝廷的诏令能够通过朝廷任命的官吏畅通无阻地推行，一度困扰朝廷的诸侯王不奉诏命，甚至分庭抗礼的局面基本上结束了。

七王之乱

刘邦在铲除韩信、彭越和英布等异姓王的过程当中，分封刘姓子弟为王。同姓王最初之时只有几个，传到汉文帝的时候，已经增加到了20多个，这当中领地最大的有齐、楚、吴、荆、燕、淮南等。这些王国所有的土地合起来占西汉国土地的大半。

皇帝直接管辖的地区只有15个郡，并且在这15个郡当中还有列侯和公主的领地，因此真正属于皇帝能管辖的地区，只有10个郡左右。

刘邦生前以为同姓王都是他的兄弟子侄，都是靠得住的。实际上，同姓王势力大了一样是会造反，会来夺取皇位的。汉景帝时期的七国之乱，就是同姓王联合起来造反的一次严重叛乱，又被称作"七王之乱"。

汉文帝时，匈奴的冒顿单于逝世，老上单于即位，汉文帝用和亲的方法，换来边境几年的平安。之后匈奴大举入侵，汉朝抗击匈奴，但效果不太好。汉文帝无奈又提出和亲，但又只是平静了几年。公元前158年，老上单于去世，军臣单于即位，又开始侵犯汉朝边疆，这次匈奴共出兵6万，烧杀抢掠，无恶不作。情况危急，告急文书一路到了长安。

汉文帝与群臣商议后，认为打打和和也不是办法，还不如痛击匈奴。于是，汉文帝调遣了三支大军，分为三路北进攻打匈奴，都由当时的名将统率。大军出发后，汉文帝又着手巩固京城的防卫，命令当时任河内太守的周亚夫为将，驻扎在细柳（今陕西咸阳西南）；宗正刘礼驻扎霸上；祝兹侯徐厉驻扎棘门。

　　几天后，汉文帝亲赴各营慰劳将士。汉文帝首先前往霸上，只见军营将士们都在午睡，军营里锅碗瓢盆等物一片狼藉，刀剑枪戟随意摆放，直到进入刘礼的营帐，将士们才慌忙前来拜见。汉文帝接着去到棘门，情形与霸上一样。随后，汉文帝又去了细柳营，离军营还有段距离时，细柳营的士兵就已经张弓搭箭，严阵以待了。汉文帝的车刚来到军营前，竟被勒令停下，守营士兵知道是皇上驾到，还是不卑不亢地说军中只听从周将军的号令，不听从天子诏令。

　　汉文帝无奈，让使者拿着天子的节杖和诏令，传谕周亚夫：皇上要慰劳将士们。周亚夫这才下令大开营门，请皇上进来，营门守将还提醒汉文帝，军营之内，不许放任车马奔驰，汉文帝微笑地照做了。一路慢行来到将军的营帐，周亚夫身着盔甲，并未跪拜汉文帝，而是请汉文帝允许他以军礼拜见，汉文帝受了周亚夫的军礼，情不自禁地站起身来向他还礼，汉文帝慰问了将士们后，满意地离开了细柳营。

　　众随行人员都很气愤，责怪周亚夫对皇上无礼。然而，汉文帝却大赞周亚夫才像个真正的将军，认为霸上和棘门这两支军队军纪涣散，假如敌人真的来袭击，将军一定会被俘虏。而周亚夫严于治军，敌人才不敢来侵犯。虽然不久之后，匈奴战败，三支后备守军都随之解散，但周亚夫严谨治军的表现，让汉文帝对他印象深刻，便拜周亚夫为中尉。

　　汉文帝在弥留之际，叮嘱太子刘启如果遇到危急关头，周亚夫可用。汉文帝驾崩后，刘启即位，史称汉景帝。公元前154年，吴王刘濞牵头联合楚、赵、胶西、胶东、菑川、济南等六国诸侯王，发动"七国之乱"，同时还北上联合匈奴，打算推翻汉室朝廷。刘濞在各诸侯王中实力比较强大，他的封地物产丰富，经济优越，在他的治理下国泰民安，很得民心。刘濞谋反不仅有政治野心，也因为他仇视汉文帝。汉文帝在位时，吴王的太子前去朝见，汉文帝命皇太子刘启与吴太子一起玩耍，没想到两人因为下棋引起争论，两个人互不相让，动起了手，刘启失手用棋盘砸死了吴太子。

　　汉文帝知道后只得厚敛了吴太子，命人将灵柩送返吴国。因心中愧疚，对刘濞相当忍让，反而助长了吴王的骄横。再说吴王见爱子居然死在长安，

痛不欲生，人迅速衰老了，他没办法跟皇帝抗争，只好忍气吞声。但丧子之痛哪能那么轻易忘记，刘濞从那时开始就有了谋反的打算。经过十几年的经营、筹备，刘濞觉得时机成熟了。此时汉景帝已经即位，听信晁错的建议，试图削藩。这样一来，刚好给了吴王借口，于是刘濞联合诸王，以"诛晁错，清君侧"为由起兵造反。汉景帝开始退让，真的杀了晁错，要他退兵，刘濞置之不理。刘濞的军队很快攻下了一半的梁国，洛阳也已告急，长安此刻危在旦夕。形势非常严峻，汉景帝召集群臣商议，尽管汉景帝为自己错杀晁错后悔不迭，但群臣颇有兔死狐悲之感，一时之间，君臣相对无言。忽然汉景帝想起了汉文帝的临终之言，于是看向周亚夫，周亚夫也主动请令出征讨伐逆贼。

周亚夫率领军队，一路往东前进。汉景帝担心梁地危急，命他即可驰援梁地。但周亚夫认为叛军气焰正盛，不如暂避锋芒。应该先切断叛军的粮道，出其不意制服叛军。让梁地再多坚持一段时间。汉景帝觉得有理，周亚夫获皇帝准许后，日夜兼程，直奔吴楚后方，打算去断他们的粮道。周亚夫出征之前，曾偶遇赵涉，赵涉建议他出征绕道蓝田，出武关，到达洛阳，虽然路程远一点，却一来能躲避叛军伏兵的刺杀，路途畅通无阻；二来出乎敌人意料，奇兵突袭，必然会挫伤敌方的锐气。

周亚夫依计而行，顺利到达了洛阳。随后在荥阳集合各路人马，此时梁地的情况更加危急，梁王刘武向周亚夫求援，但周亚夫为大局着想，请梁王固守，梁王又派使者再请周亚夫援救，周亚夫还是不答应。梁王无奈上书汉景帝，汉景帝下诏命周亚夫救梁，周亚夫仍然坚壁不出，按原定计划派轻骑兵前往阻断吴楚粮道。几个月后，吴楚粮道终于被切断了，敌兵也开始闹饥荒。在周亚夫的布置下，吴楚三军失去了退路，敌兵无奈，转而要与周亚夫的军队开战，但周亚夫也不跟他们打，叛军进退两难，渐渐粮草都用完了，只能孤注一掷，预备强攻昌邑，再北上洛阳。

吴楚兵马全开到昌邑城下，杀声震天，周亚夫不为所动，他料定这只是敌兵的虚张声势。果然，声音转眼就停息了，敌军又奔往城的东南角，周亚夫判断敌人在声东击西，立刻集合精锐士兵，亲率军队奔向西北角，果然与刘濞的队伍劈面相遇。周亚夫亲自督阵，士兵非常勇猛，杀死杀伤无数敌军。

刘濞赶紧撤军，但士兵们已断粮多日，根本跑不动。他们很快被周亚夫追上，杀得叛军横尸遍地，刘濞仓皇奔逃。周亚夫率军紧紧追击，一路收复失地，数次与叛军交战，最后刘濞竟成为孤家寡人，逃亡不知所终。于是周亚夫贴出告示，以千金来悬赏割下刘濞首级的人。刘濞最终死在当地一个无名的百姓之手。其余六国诸王都以刘濞为首，刘濞一死，这些诸侯王或死或降，"七国之乱"至此平息，共历时三个月。周亚夫平乱功勋卓著，回到长安后，汉景帝先任他为太尉，后升他为丞相，对他很是倚重。

周亚夫平乱时，为战局着想，坚壁昌邑，没有及时去救梁王，使得梁王心中记恨。梁王刘武与汉景帝一母同胞，与汉景帝感情很好，梁王常在汉景帝面前诋毁周亚夫，次数多了，汉景帝也渐渐生疑。无巧不巧，汉景帝打算封匈奴降臣徐卢等5个人为侯，周亚夫觉得不妥，表示这5人是叛王之后，应该加罪不能封侯。汉景帝认为他不识时务，坚持封了徐卢等人。周亚夫很生气，称病辞官，汉景帝也就疏远了他。

几年过去了，汉景帝偶然想到了周亚夫，就召他来吃顿饭，叙叙往事。周亚夫向皇帝行过礼坐下来后，见桌上有一块大肉，但没有筷子，周亚夫就请侍者拿一双筷子，汉景帝冷笑道："你还不满足吗?"周亚夫连忙趴在地上脱帽谢罪，明白皇上知道自己对他不满了。此后，汉景帝更加不信任他了。周亚夫渐渐老了，他儿子就买来五百具甲盾准备以后办丧事用。周亚夫都还不知道呢，却被人向皇上诬告他要谋反，于是汉景帝命人逮捕了他，并将他关进监狱。廷尉奉旨审问周亚夫为何要造反，周亚夫解释那些盾器是为自己办丧事用的，廷尉却胡搅蛮缠，斥责他即使死了也会造反，指使狱吏用尽酷刑折磨他，周亚夫在生不如死之下开始绝食，五天后病逝。

局势分析

周亚夫一代名将，因治军之能为汉文帝所赏识，因平定叛乱为汉景帝所重用。但因为皇室宗族的谗言，使得他被汉景帝疏远进而怀疑，最后居然因谋反罪被折磨至死，真令人感叹：皇帝糊涂，而周亚夫又太过刚直。

汉景帝灭了叛乱的七国诸侯王，虽然仍旧封了七国后代继承王位，但是

从那之后，诸侯王只能在自己的封国征收租税，不许干预地方的行政，权力也被大大削弱了。统一的集权制度战胜了地方割据势力。从此汉朝才真正成为一个统一的封建帝国，社会才进一步得到了安定，经济和文化的发展才有了很可靠的保障。

说点局外事

汉文帝时，晁错接连上了好几道奏疏给汉文帝，论述自己对治国安邦的看法。晁错是个非常有才干的人，他提的建议也非常有道理，所以都被汉文帝采纳了，汉文帝还将他任命为太子家令，辅佐太子。

汉文帝非常信任晁错，经常和他单独说话。根据他的意见，修改了很多法令，并且将他提升为御史大夫。

晁错非常看不惯骄横自大的吴王刘濞，他觉刘濞有五十多座城，还非常骄横。刘濞的存在对巩固中央集权、发展生产非常不利，于是晁错便对汉景帝提出消减诸侯土地的建议。经过再三考虑，汉景帝觉得晁错的建议非常有道理，于是便决定削地。

晁错便马上着手进行，但是刘濞却比他快一步起兵造反了。他联络了楚、赵、胶西、胶东、甾川和济南六个诸侯一起出兵，历史上称作"七国之乱"。这七个国家都打着"诛晁错，清君侧"的旗号，叛乱的声势相当浩大。

这时候有人却把矛头指向了晁错，说七国之所以叛乱，就是因为晁错削夺了他们的封地，只要把晁错杀了，恢复他们原来的封地，他们自然就会退兵。汉景帝为了保住自己的皇位便把晁错杀了。哪知刘濞根本就不予理睬，继续向长安进军。这时候汉景帝才知道，刘濞目的就是要造反，只不过是打着清晁错的幌子罢了。汉景帝非常后悔，但是晁错全家老小已经丧命，后悔也无济于事了。

千古君王汉武帝

我国的古代史上，人们经常把秦皇汉武相提并论，这也是非常有道理的。

因为，封建专制主义的中央集权制国家，是由秦始皇建立的、汉武帝巩固的。

汉武帝（公元前156—前87年），名叫刘彻，汉景帝之子，是汉朝的第五个皇帝。他7岁的时候当太子，16岁继承帝位，71岁死去，在位50多年，占了整个西汉王朝四分之一的时间。

汉武帝可谓是雄才大略，文治武功，是中国历史上最伟大的皇帝之一。他使汉朝成为当时世界上最强大的国家，开创了西汉最繁荣鼎盛的时期，这个时期也是中国封建王朝所达到的第一个高峰。此外，汉武帝也是中国第一位使用年号的帝王。

小时候的刘彻喜欢学习，而且对儒学经典、马上骑射、文学艺术，都颇有兴趣。建元元年，刘彻继承帝位，年仅16岁。此前的"文景之治"，汉朝的经济文化都得到了复苏和良好的发展，等到刘彻继位时，国泰民安，家给人足，百姓安居乐业，朝廷统治稳定，一派祥和之气。然而，在繁荣的背后却隐藏着尖锐的矛盾。

汉武帝下定决心解决这些潜在的矛盾，他礼贤下士，招揽贤臣，以仁德治理天下。于建元元年下诏令全国推举"贤良方正"之士。刘彻亲自召见，询问治国良策，史称"贤良对策"。

与此同时，汉武帝着手政治改革，推行了许多利国利民的政治措施。但是，此时的政权还掌握在他的祖母窦太皇太后手中，窦氏族人开始进谗言，诋毁新政策，朝中逐渐形成了一个以窦太皇太后为核心的反对集团，导致汉武帝的许多利民措施都不能顺利实行。对此，汉武帝劳心费神。

建元六年，窦太皇太后逝世，汉武帝终于摆脱了束缚，立即下令清除窦太皇太后所有的亲信党羽，任田蚡做丞相、韩安国为御史大夫，开始了真正意义上的统治生涯。

汉初六七十年间，儒家思想风靡一时。儒家思想博大精深，包含了政治、哲学、教育、伦理各方面，内容包罗万象，主张以"仁政"治天下，这恰巧符合了汉武帝的治国思想。董仲舒顺应时代的要求，提出了"罢黜百家，独尊儒术"的思想，成为新儒家的代表。董仲舒勤政爱民、以仁治国、大一统的思想主张，从封建社会统治的大局出发提出的方案，为汉武帝集权中央、统一思想、一统天下提供了强有力的理论依据。儒家思想有利于封建统治的

长治久安。汉武帝实行"罢黜百家，独尊儒术"也是必然的。

汉武帝在全国兴建太学，设五经博士，推行儒学教育体制。思想达到统一了，革新的绊脚石也就踢开了，汉武帝又推出了一系列的新政。首先是察举制和征召制的实行，这两者的巧妙配合，使汉武帝网络了大批人才。汉武帝直接或间接地把选拔官吏的权力掌握在自己手中，形成了以皇权为中心的官僚制度，使地主阶级中下层的知识分子踏上了仕途，扩大了西汉王朝的统治基础。与此同时，汉武帝大力加强中央集权统治。首先削弱丞相的权力，壮大皇上的权利。为了进一步加强中央集权，刘彻采取了"强干弱枝"政策，极力地削弱地方割据势力。汉武帝在打击地方势力的同时，还着手打击地方官僚势力，以削弱地方官吏的势力，加强自己的统治。

刚继位的汉武帝，一方面要抵御诸侯王的侵犯，防止他们势力膨胀对帝王的统治造成威胁，一方面要利用血亲来维持刘家的统治地位。主父偃虽为布衣，在治国方面却很有见解，由于久不得志，他竟然直接上书皇帝，要求皇上召见他，这个人的胆子还真是大啊！主父偃向汉武帝建议：可以实行"推恩令"来缩小诸侯王的地盘，削弱各诸侯国的实力，让他们的子嗣各分得一份土地，势力分散了，你不去打他们，他们自己就吵起来了，自然也就不用您担心了。这些话简直说到了汉武帝的心坎里，立即下令执行"推恩令"。

汉武帝身为一位有作为的君王，在政治体制方面开设了中、外两朝，朝廷内部形成了两个分支：内朝是由大将军及尚书为首组成，属于决策机关；另一个是以丞相等人组成的外朝，属于政务机关。这样的政治改革使工作效率得到提高，官僚的势力也得到分散，即巩固了封建统治地位，也彻底解决了诸侯国尾大不掉的问题，进一步加强了中央集权，为汉初经济和社会的进步做出了巨大的贡献。

汉武帝在水利方面的成就也是不容小觑的，在其统治期间是我国历史上水利事业得到较快发展的时期之一。水利建设同样为汉朝经济的繁荣及政治的稳定奠定了坚实的基础。

汉朝定都长安以后，国家政治、经济重心主要集中于关中和西北等地区，关中素有"八百里秦川"的美称。为了推动农业生产及航运交通的发展，汉武帝在位期间先后修建了漕渠、龙首渠、六辅渠、白渠等水利工程。不仅如此，汉武帝还专门颁发诏令，要求各地注意兴修水利，有力推动了全国水利建设的开展。水利建设，促进了关中地区经济的迅速发展，是这里成为当时全国著名的经济开发区。

作为一位智勇双全，雄才大略的帝王，汉武帝的成就也表现在开疆拓土、威名远播上。自汉朝建立至汉武帝即位这几百年间，汉朝与匈奴的战争从未停歇，而这也成了汉武帝最棘手的事情之一。

汉武帝继位后，改变一直以来的对外政策，积极做好抵御匈奴的准备。建元三年（公元前138年），汉武帝派博望侯张骞出使西域，主动联合大月氏国，打击匈奴。

建元六年（公元前135年），匈奴请求和亲，汉武帝召集百官廷议。廷议过程中，汉武帝深知与匈奴和亲的利害关系，但是汉朝现在的硬件设施准备的还不充足，如果和匈奴硬碰硬，势必会两败俱伤，于是汉武帝勉强同意了和亲。

元光二年（公元前133年），汉武帝再一次决定攻打匈奴，开始了与匈奴长达几十年的战争。他任命大将军卫青、霍去病等几员猛将，在几年的时间里，收复了漠南、漠北、河西、河南地等大部分地区，开拓了汉朝的疆土，巩固了我国的封建统治。

汉武帝给了匈奴致命一击，制止了匈奴的野蛮掠夺，维护了汉朝边郡的先进农业生产。此外，博望侯张骞出使西域，虽然没有达成联合大月氏抗击匈奴的目的，但是对大西北的开发起到了举足轻重的作用，不仅斩断了匈奴右臂，而且打通了通往西域的道路，形成了沟通古代欧亚交通的"丝绸之路"。

汉武帝统治期间，还完成了对东南和南方的统一和对西南地区的开发。元封三年，汉武帝又发兵东北，征服了高句丽等郡，进一步加强了朝鲜与中原的经济文化交流。从此，汉武帝威震四方。

汉武帝是一位深明大义、具有远见卓识的军事家、政治家，在其统治末期，可以看到以前政策中的错误，也标志着汉武帝施行政令的一次大的转折。自省之后，他改变了先前的政策，采取与民休息、恩富养民的安抚政策，经过两年的不懈努力，社会趋于安定，又开创了"昭宣中兴"、媲美文景的繁荣盛世。

到此时，汉武帝已经是日落西山。后元二年，汉武帝一病不起，在五柞宫驾崩，谥号"孝武皇帝"，葬于茂陵。

局势分析

汉武帝开创了西汉王朝最鼎盛繁荣的时期，是中国封建王朝第一个发展高峰，在他的治理下汉朝成为当时世界上最强大的国家。

汉武帝是第一个用"罪己诏"进行自我批评的皇帝。他敢于罪己，置自己的过失于天下舆论中心，汉武帝乃是第一人。至此，后代皇帝犯了大错，也都会下"罪己诏"，公开承认错误，展示明君姿态。

在用人上，汉武帝求贤若渴，不会因为言语而废人，只要有才华，只要有能力，汉武帝就会破格提拔。卫青是家奴出身，但是汉武帝仍破格提拔了他。

说点局外事

汉武帝是个个性非常强硬的人，这使得他不会对窦太皇太后妥协，在他即位之后就开始施行自己的政治方略，把自己信任的人安排在掌管大权的位置上，让舅舅田蚡做太尉，掌握军权。同时，还重用儒生。为了能选拔到更多的人才，汉武帝还下诏令全国各地的官吏都向中央推荐人才，这项举措就是"贤良方正"。汉武帝的名臣董仲舒就是在这次推荐考试当中得了第一名。汉武帝召见他，探询治国良策。董仲舒在大殿上侃侃而谈，不卑不亢地将自己的一整套儒家治国思想都说给汉武帝听，汉武帝非常赞赏。

只是这时候汉武帝还没有什么能力和他的祖母窦太皇太后较量。他的心腹赵绾提出窦太皇太后不应该再干涉朝政。这可把窦氏惹怒了，于是她便逼迫汉武帝废除刚实行的一系列改革措施，将他任命的丞相以及太尉都罢免了。

汉武帝信任的大臣甚至都被逼死在狱中。一时间，汉武帝辛苦建立起来的权力网被窦太皇太后轻而易举地撕碎了。打击了汉武帝的势力之后，窦太后让自己的人接替这些重要的职位，他们自然听窦氏的命令。这对于汉武帝来说是个相当大的打击。但是和风烛残年的窦太皇太后来比，汉武帝有年龄的优势，所以他并没有因此消沉，而是在养精蓄锐，等待时机的到来。

公元前135年，窦太皇太后去世了。时机终于到了，汉武帝抓住这个机会将窦氏的人全部都罢免了，重新启用田蚡，并且大刀阔斧进行了一系列的改革，加强中央集权，实现了真正意义上的亲政。

第三章　汉武盛世

罢黜百家，独尊儒术

"罢黜百家，独尊儒术"是董仲舒的儒学观念，后来儒家思想被看作是正统文化的主流。

董仲舒，广川（今河北枣强东）人，从小研读《春秋》，很有成就。他治学严谨，专心致志，据说曾"三年不窥园"，庭园中景色优美，他三年竟然没去过一次。他平日的言行举止，无不遵循"礼"的规范，儒学学士们都将他奉为导师。

董仲舒出生于一个地主阶级家庭，在他出生后不久，汉王朝就将秦朝颁布的私藏诗书灭门的法令废除了。一时间，又掀起了埋头钻研先秦诸子学说的风尚。董仲舒家有很多藏书，因此在他很小的时候就开始研究儒家学说。他始终保持刻苦、专心学习的精神。当时在他书房外面有一个雅致的小园子，在那个贪玩的年纪，他竟然三年都待在屋里读书，从没进过园子；对于他自己骑的马，他也分不出雌雄。他喜欢读书，尤其是经书，对其钻研近乎达到了如痴如醉的地步。许多经传著作他都有涉猎，尤其是《春秋公羊传》。在他二十几岁的时候，他就已经成为研究《春秋》的学者。

他对于《春秋》颇有建树的研究，使其年仅 30 岁时就成了当地有名的学者，但他没有步入仕途，而是开始教书。当时的人们称他是"汉代的孔子"。他招收了大批的学生，开始宣扬儒家的经典，传播他自己的思想，他认为学者应该懂得仁义的道理。在他思想的影响下，很多人都非常信奉儒家思想。由于董仲舒广泛宣扬他的学说，也使得他的声誉逐渐扩大，让当时封建社会的最高统治者汉景帝也知道了他。后来，他被封为了博士，这也成为他步入统治阶级的第一步，为他以后宣扬自己的学说并对皇帝产生重大影响打下了基础。但是，汉景帝在位时社会相对还比较安定，处于休养生息的阶段。当时的统治者崇尚"无为而治"的思想，对于他宣传的大一统的思想并没有多大的兴趣。因此，他虽然做了博士，但他的儒家学说并没有引起皇帝的重视，所以在很长的一段时间里，他都感到无事可做，后来他就把大部分的精力放在了从事研究儒家思想和讲学上。

在董仲舒将近四十岁的时候，他的政治地位不仅得到了巩固，而且也有了自己的政治理想。他认为如果能够使富人显示出自己的尊贵却并不显示出骄奢，穷人不必再为养活自己而担心，那么这样的国家才能称为和谐安定的国家。他还认为，要想实现这一理想，关键是要将汉王朝的统一局面进行巩固。而为实现政治的统一，就必须先在思想上实现统一。这便是以后实施"罢黜百家"政策思想上的出发点。同时，在他看来，要想实现统一的局面，就不能舍弃中央集权，因此皇帝就成了他推崇的中央集权代表人物。这也成为了他政治主张的中心思想。

他的思想也在慢慢地趋向成熟，此时的西汉王朝也改变了原来的稳定局面，发生着剧烈的变化。在公元前154年，汉景帝平叛了"七国之乱"，然后就开始加强巩固中央集权。公元前140年，刘彻继位，成为历史上有名的汉武帝。这时候的西汉王朝平叛了内部的诸侯藩王的战乱，对外也开始还击北方少数民族匈奴的侵扰。封建统治的势力正处于上升时期，统治者摒弃了原来"无为而治"的思想，取而代之是希望能够有所建树的"有为思想"。而影响日益深远的儒家思想则一贯主张统一、仁义和五伦，显然是当时思想统治的最佳选择，董仲舒作为"群儒之首"，其政治地位逐步稳固起来，与皇帝接触的机会也随之增多，自然能够影响统治者将国家统一与儒术相结合。为了顺应历史的发展要求，董仲舒以及他倡导的儒家思想就被推了出来。

汉武帝刘彻在我国历史上是一位很有作为的皇帝。他有作为皇帝应该具备的雄才大略，又有接受别人意见的胸襟。当匈奴频繁骚扰西汉边境的时候，汉武帝不想再像原来一样退让，因为此时的西汉王朝已经有了抵御匈奴的实力。当他把内忧外患都平叛以后，他就想进一步加强自己的中央集权，所以此时的西汉统治就迫切需要一个符合统治阶级的理论和思想基础。于是，在他刚刚继位，就下令推选"贤良有才干的饱学之士"，然后把这些人全部召集起来，由他亲自出题考试，选出真正的饱学之士。董仲舒参加的那次考试中，汉武帝给他出考题，他考虑的都是具有纲领性的问题，那些贯穿一切事物的广泛的体系才是他真正想要知道的问题。除此之外，他还对其提出了三个分问题，就是他想要找的为加强皇权统治的理论根据，并且这些规律从理论上来说还要回答自然。皇帝问的这些问题恰好早已都被董仲舒深入研究过，所以他在回答时更是把自然的发展变化和当时的时事融合在一起，把皇权的统治和天的意志相结合，把统治者的一切意志都说成是理所当然，并且他在奏章开头就说明了这些思想都是上天借他的自己的意志而体现于人世间的。

随后他又把儒家思想深入地复述了一遍，并提出了一些自己的主张。对于汉武帝提出的三个分问题，他在回答的时候又将自己对刑罚的看法融入其中。在此基础上，他还将自己的一系列的治国主张提了出来。他的这番话对汉武帝产生了很大的影响。后来，他还建议汉武帝用儒家思想来统治国家，广设学堂，教化万民，使儒家思想深入人心，这样就能避免犯上作乱的现象发生。随后，他又回顾了汉朝前的历史，说明了国家兴盛灭亡全是因为教化问题。要想大治天下，巩固自己的统治，就必须改变民众的思想，只有使全国上下的思想都统一，才能实现国家的统一。

汉武帝听完董仲舒的回答，异常高兴，他觉得自己终于找到了适合自己统治的思想基础。因此立即对他委以重任。四十多岁的董仲舒终于当上了江都王刘易的国相，离开了自己当了好几年的"博士"之位。在董仲舒当上丞相后的十余年间很有成绩，潜心研究为官治国之道，但后来他在思想和学说方面并没有太多新的建树。刘易是汉武帝的兄长。他一贯争勇好胜，野心很大。他很欣赏董仲舒的才能，并且也称赞其就像春秋时的管仲。言下之意就是希望董仲能够帮助自己成就霸业。但是一介鸿儒的董仲舒在政治上没有野心。他一直用仁义礼乐来扶持刘易治国。最终使得刘易放弃了对他的希望。

尽管董仲舒很有自己的思想，但他在政治上并没有很大的成就。他在江都当了九年丞相，没有太多出色的措施。相反，他还以《春秋》为依据，大力推崇阴阳之道，经常搞一些祈雨求神的事，也没有任何成效。不久，就是因为他推崇的这套神学也为他招致了杀身之祸。最后虽没有被杀，却丢掉了丞相一职，被贬为中大夫。

公元前135年，西汉王朝的王陵先后发生了大火灾。董仲舒将此事说成是上天发怒了，谴责告诫人们"杀骨肉大臣"，为此在家中起草了一道奏章。还没来得及呈奏给皇帝，在中大夫主父偃去拜见董仲舒时，偷偷看到了董仲舒的这篇奏章。主父偃对董仲舒的才干一向妒忌，于是就偷走这篇奏章，并将其呈献给了汉武帝。汉武帝看完便立即下旨将董仲舒问罪，甚至还要把他处死。

幸亏他因自己的才华享有美誉，再加上朝中大臣极力为他求情。等汉武帝怒气消了以后，也觉得不能杀掉这个"群儒之首"，于是便下诏赦免了他的死罪。这次祸事之后，董仲舒又开始了十年的教书生涯。十年后，由于公孙弘的推荐，他再一次走上了仕途，当上了胶西王刘端的国相。事实上，公孙弘并不是真心帮助董仲舒，他只是嫉妒董仲舒的才华。而且在为官上，董仲舒一直看不起他，所以他想借胶西王之手为自己除掉这个祸害。

在胶西任职的几年里，董仲舒凡事都能以身作则，清正廉洁，体恤下属，推行教令，使当地百姓安居乐业，所以在胶西的几年他还是颇有政绩的。公元前121年，58岁的他称病辞官，结束了他的仕途生涯，当时他只有58岁。

董仲舒辞官回乡之后潜心著书立说，不问家居杂事，60多岁的他还是那样勤奋刻苦，终于写成了十七卷八十二篇的《春秋繁露》。公元前104年，在他写完《春秋繁露》最后一章后，便因病离开了人世，享年75岁，他被葬于长安的西郊。董仲舒是一位杰出的学者，他作为皇帝的智囊，辅佐皇帝从政到最后归家著书立说，他的一生都在潜心研究儒学思想。他为人正直廉洁，以及他对学术刻苦钻研的精神，都受到了后人极大的推崇和赞美。

局势分析

罢黜百家、独尊儒术的大统一，虽充满了唯心主义色彩，但是却加强了中央集权，巩固了大一统的国家，对于国家的社会秩序稳定起到了非常重要的作用，是中国历史发展的主流，尤其是今天统一祖国的需要，因此董仲舒的新儒学适应了时代的需求，采众家之长，对儒家思想加以创新，体现了与时俱进的精神。

董仲舒的新儒学，要求统治者爱护百姓，有利于封建统治长久。"三纲五常"宣扬纲常伦理是为了维护封建专制和等级制度，应批判。但是"五常"当中有中华民族传统美德的部分内容，应当大力弘扬，尤其是其中的"信"为今天社会的迫切需要，孝道应当注入社会主义的道德内涵，是人们的社会义务。

说点局外事

董仲舒从少年时期就开始潜心研究学习《春秋》等经典著作，汉景帝时期被招为博士。这时候董仲舒已经才名在外。相传他有很多的学生，所以教学按照师从时间的长短来依次传授，有的学生甚至都没有见过董仲舒本人。

董仲舒治学十分严谨，史书上曾经说他"三年不窥园"。他平时的行为严格地遵从礼仪规范，因此受到很多人的尊重。汉武帝即位以后，命各州郡推举贤良以及博学之士。董仲舒因"贤良"而被推举，并且在当时居举榜首。

董仲舒先被封为江都相，事奉易王。但是易王骄横无度，并且嗜好武力。董仲舒便以礼仪对他规劝，效果是比较显著的，从此易王非常敬重董仲舒。董仲舒还善言灾异，推诸行事。传说他的预言都非常准确。

飞将军李广

李广出生在陇西成纪，也就是今天的甘肃静宁西南，西汉时期的名将。李广是战国时期秦朝大将李信的后代，不仅骁勇善射，而且精通兵法，是我国汉朝时期抵抗匈奴的一员猛将。李广的一生中与匈奴的战争大小一共七十多次，立下汗马功劳，令匈奴闻风丧胆。他善于骑射，可以百步穿杨，百发百中，人们尊称他为"神箭手"。李广在军营中，战功赫赫，得了厚赏，就分给自己的部下；行军路上，如果水少，他一定要等士卒喝完水以后，他才肯喝。因为李广心存仁厚，爱将如子，所以他深受士卒的爱戴和拥护。

在汉文帝十四年的时候，匈奴大举进军萧关，世家子李广要求随军出战，汉文帝欣然答应。因为李广善于骑射，杀死和俘虏的敌兵很多，汉文帝决定对他论功行赏，并赐封他为骑常侍，常伴皇帝左右。有很多次在陪侍汉文帝射猎的时候，都会遇到猛兽的攻击。李广因为身材魁梧，挺身而出，奋勇搏击，直到把猛兽杀死。李广救驾有功，汉文帝也因此对李广很是赏识。

汉文帝感叹说："只可惜李广没有出生在汉高祖争天下的年代，不然的话哪里会有什么万户侯呢！"

汉景帝的时候，吴楚七国的诸侯发生叛乱，汉景帝任命太尉周亚夫作为主帅统军征讨七国，飞将军李广随军出讨，在山东昌邑的一场战斗中，他冲锋陷阵，推倒了叛军的军旗，因此威名显露。但由于他接受了梁王私下交给他的将军印，所以在大军还朝之时汉景帝没有对他进行封赏。

后来，他又被封为太守。匈奴也经常前来挑衅，李广在战斗中视死如归，奋勇杀敌。公孙昆邪曾经对汉景帝哭诉道："李广的英勇和才干，可以说是天下无双，绝无仅有，但自恃勇敢，曾经在与匈奴的几次大战中，都险些失掉性命。"汉景帝听闻后，悲喜交加，不知如何是好。之后不久，李广就被调任陕西北部上郡的太守。后来，他曾任过陇西、北地、雁门、代郡、云中几地的太守，而且英勇善战的美名也被百姓流传下来。

没过多久，匈奴军大举进攻上郡地界，汉景帝派人到李广的军中做监军。有一次，太监率领几十个将士走在大军的前面，忽然三个匈奴人出现了，交战的过程中，太监不幸被箭射伤了，于是急忙骑马狂奔回去，并对李广讲述了事情的来龙去脉，李广信誓旦旦地说："这三个人一定很擅长射箭猎雕。"他立即下令去追赶这三个人。三个人舍马步行，竟已经走了数十里路。李广命令他的将士把队伍向左右两边展开，他随即取弓搭箭，射死了其中的两个，活捉了一个，走过去询问，果不其然，真的是匈奴射雕者。

上山时，突然出现数千敌兵，他们见李广人马不是很多，以为这些只是诱饵，所以惊慌失措，连忙上山布阵，以防敌人来袭。李广的部下见到这种情况也非常恐慌，就想赶紧回军营。李广淡定地说："我们已经离开大部队有几十里，如果现在我们往回走，匈奴人一定会明白过来我们并非诱饵，到时候追上来，一阵乱箭就把我们杀死了。如果现在我们停留下来，匈奴一定以为我们是前来引诱他们上钩的，肯定不敢上来追击我们。"飞将军李广下令让各骑兵在前行到距离匈奴的阵地有二里时，便停止前行。随后便下令说："都把马鞍子卸下来！"将士们对于他的命令都很是不解，但又不得不从。他的部下疑惑地问他："匈奴人那么多而且我们又很近，假如发生紧急的事，我们不是只有等死的份吗？"李广微笑着说："我之所以这么做，就是为了保全大家的性命，如果他们的想法也和你们一样，遇到紧急事件就慌忙逃跑的话，就证明我们根本就是弄虚作假，这样他们就会立刻下山把我们杀死。而现在呢，我们卸下马鞍表示我们根本就不想逃，以此来坚定胡骑的猜疑，让他们认为我们就是诱骑。"果不其然，匈奴一个个的都不敢出击。如果有人出来指挥胡兵，李广马上和将士奔过去把这个将领射杀，然后再奔回自己的军中，解下马鞍子，然后命令士兵再将马匹放开，一个个的就地躺下。就这样一次次的回击，不知不觉，天已经黑了，胡骑被吓得不敢再发起进攻。到了半夜的时候，李广神不知鬼不觉地带着领着部下撤离了。天刚蒙蒙亮时，李广等人已经安然无恙地回到了军营。

汉景帝死了以后，汉武帝即位。由于李广是名将，所以汉武帝任他为未央宫禁卫守军的长官，任命程不识为长乐宫禁卫军的长官。守卫汉境的李广、程不识等人都是名将，所以一起奉命抵抗匈奴。而匈奴个个畏惧李广，听见李广的大名都闻风丧胆。后来，李广以卫尉的身份率领大军，师出雁门关地界袭击匈奴。匈奴兵人数众多，大败李广军队，而且活捉了李广。匈奴的单于平索听闻李广为人正直，公正贤明，便下令说："如果抓到李广，一定要把他活着送来！"匈奴兵俘虏到李广的时候他正有伤病在身，为了避免让他的伤势再一次加重，匈奴人把李广放在两匹马中间，然后把他安放在用绳子结成的网里，躺下。走了大概十多里，李广斜眼看到一个匈奴兵，于是纵身而起，把他推了下去，随即跳上了他的马，取下他的弓箭，策马狂奔，一直向南奔驰了数十里，追上了与汉军余部，和他们一起进入汉境。数百个匈奴骑兵紧紧追赶。李广拿出弓箭一边跑一边射杀胡兵，最终逃脱了。从此以后匈奴人便尊称李广是"飞将军"。逃回来以后，汉武帝将李广交予执法官审判，法官最后判决李广兵败后逃走的士兵众多，更可气的是李广被匈奴活捉，本该斩首，但皇上念在他为汉朝立下无数战功的份上，从轻处理，准许他纳金赎罪，被贬为平民。

这件事不久，匈奴再一次进犯汉境，并杀死辽西太守，击败了韩安国将军。这时天子再一次召见李广，并拜飞将军李广为右北平太守。在李广驻守右北平的时候，匈奴听闻"飞将军"来了，便吓破了胆，一连几年都不敢再入侵右北平。

元狩三年，飞将军李广率领四千将士出兵右北平，张骞率领一万骑兵同他一起去，但是分路进兵。走了大约数百里路，匈奴左贤王率兵将李广团团围住。李广的兵士惊慌失措，李广淡定决断，毅然决然派儿子李敢冲出包围。得命后，李敢同数十名骑兵飞驰而去，拼死相搏，冲破匈奴的重重包围。然后回来对李广说："匈奴已经被打败了。"士兵们听到后，才安定了军心。李广下令将部队围成圆形，面向外，匈奴急忙攻击他们，乱箭如雨，向他们射过来。汉兵死伤过半，箭矢也都没了。李广下令不要再胡乱射箭，随即李广捡起地上的乱箭向匈奴大将射去，一连射死了几十人。到太阳快落的时候，士兵、军官都已经面无人色，但飞将军李广却神色淡然，和平常一样，士兵见状甚是佩服。天亮后，张骞的军队才赶到，匈奴兵才被彻底击退。

这时候，李广几乎全军覆灭，疲劳而归。依照汉朝的律法，博望侯张骞推迟了时间，本该斩首，纳金赎罪降为平民。但念在李广的军队死伤甚多，张骞助李击退匈奴的份上，功过相抵。

元狩四年春，李广屡次请求随军出征，但是皇帝顾忌他年事已高，应该安享晚年，坚决不允许；过了很久，皇帝才勉强允许，任命他为前将军。

李广同大将军卫青出兵抗击匈奴，中途迷路，没能参战，于是他引颈自杀，以表歉疚。李广的官兵个个放声痛哭，百姓知道这件事后，没有一个人不为他伤心落泪。

司马迁曾在《史记·李将军列传》中写道：飞将军李广的为人正如孔子所说的一样："当管理者自身端正，作出表率时，不用下命令，被管理者也就会跟着行动起来；相反，如果管理者自身不端正，而要求被管理者端正，那么，纵然三令五申，被管理者也不会服从的。"而飞将军李广当属前者。

局势分析

李广是秦时名将李信的后人，出身将军世家。李广的本领得自家传，他尤其善射，百发百中，没人比他强。关于他有个广为流传的故事。相传，他在一次出猎时，把草里的一块巨石误认为是老虎，便弯弓射箭，结果整个箭头都钻进石头里去了。可见他臂力多强。汉文帝十四年（公元前166年），他从军攻打匈奴，战功卓著，升为骑常侍。曾随汉文帝射猎，格杀猛兽易如反掌。汉文帝感叹他生不逢时，假如生在汉高祖时期，最少也会是个万户侯。可见李广的本领多高。

说点局外事

汉武帝即位时，听说李广是一位杀敌名将，就任李广为未央宫卫尉。李广虽善于杀敌，治军却太简慢，但又深受士卒们的敬爱；他为人又非常自负。这两个毛病加在一起，让他吃过大亏，导致他曾在与匈奴作战时，被敌人打败，差点送了命，好不容易逃了回来，被废为庶民。一年后，匈奴来犯，辽西告急，将军韩安国力战而死，右北平（在今河北平泉）没了统帅，汉武帝起用李广做右北平太守。李广生性散漫，夜间还外出饮酒，犯了夜禁，刚好霸陵尉大醉，他大肆侮辱李广是一个废将军，竟然敢犯夜禁。李广气愤不过，杀了霸陵尉，随后向汉武帝自首。汉武帝正在用人之际，赦免李广杀人之罪，说：将军为国家的栋梁，希望将军治理好右北平。李广在右北平太守的任上，因善射、善谋而让匈奴人退避三舍，一连几年都不敢来犯，将李广称为"飞将军"。

铁盐官营

公元前82年，朝廷让三辅和太常等部门分别推举两名"贤良"，各地都分别推举一名"文学高第"，最终总共征召到六十多人，于次年二月被征召入宫，相关部门向他们询问民间疾苦。

会议以"贤良"们对国家当下的盐铁、均输、平准等经济措施作为话题，纷纷提出疑问，"贤良"们要废除掉这些经济政策。

在汉武帝时候所制定的关于盐铁的这些政策，最主要的特点是官营专卖。"贤良"们原来都是平民或者是担任过小官吏的知识分子。在被官府举荐以后，再由朝廷授予官职。大多的"贤良"们都来自民间，出身比较微寒，有些甚至衣食都很难得到保障。

以"贤良"们这样的出身，自然对社会底层的生活状况是比较熟悉的，这也真是朝廷让相关部门向他们咨询民间疾苦的原因。

自从汉武帝征战之后，国家所耗费的情况相对比较严重。导致田地出现荒芜的情况，国库内外空虚，虽说国家用"盐铁专卖"这一系列牵制的经济政策解决了政府的财政困难，但是民间百姓却依然非常疾苦。对此，相关部门也都表示认可，承认目前百姓的生活比较苦，社会的形势也非常严峻。

在接下来当中，"贤良"们批判了国家现行的财政政策，呼吁结束国家专卖政策，因为这些政策给民众的生活带来了很大的负面影响。

盐铁国家专卖政策造成了吏治腐败。官商们公然凭借着专卖政策中饱私囊，家藏万金，而百姓却流离失所，官商们一人得道鸡犬升天，接着亲戚相推，朋党相举。"贤良"们进而激烈地指责当朝的公卿大臣，说他们处尊位，执掌天下十余年，功德也不施于天下百姓，百姓贫陋困苦。说他们在高位上养尊处优了十几年，百姓没有得到丝毫的好处，日子一天难似一天。

另外，在专卖政策下，政府部门也只对上级负责，从来都不顾及底层民众的实际要求。他们说，下级官员只顾着完成上级交给的任务，去取悦上级，生产出的铁制农具往往没有办法使用，要么太重农民挥不动，要么就是太轻无法开垦土地；为了更加简便地完成农具生产数量，下级部门往往会无视各地不同的土壤环境，而采用统一规格铸造农具，因此就耽误了农民们的生产活动。

再加上销售农具的底层官僚非常不负责任，不但铁器的定价不合理，很多农民购买不起，销售点的设置和销售时间的安排也都有问题。那些负责销售农具的官吏，想来就来，想走就走。百姓们爬了几十里的山路去购买农具，结果却是"吏数"不再，经常找不到出售农具的官吏，导致农民都把大量的时间消耗在奔波购买农具的途中，白白错过了农时。

官府的过分之处远远不止如上所述。下级部门不负责任，生产出很多不合格的农具，结果卖不出去，地方政府为完成销售任务，取悦上级，就采用强迫分配的方式，强制当地百姓购买那些不合格的农具。他们强行按照人口数目来分配各户人家的铁器和食盐的购买量，并且要求农民自己去很远的地方运输，家里如果缺少壮劳力，则不得不雇人前往。

面对"贤良"们的责难，负责制定以及推行这一系列经济政策的汉帝国政府的代表丞相田千秋和御史大夫桑弘羊不得不站出来为自己做一番辩护。田千秋的性格比较谨慎，话也不多，不会轻易失言，因此主要是御史大夫桑弘羊进行发言。

桑弘羊认为，国家垄断山海、盐铁和酒类的销售专卖，以及由国家制定的各种物价这一系列的经济政策，都是正确的、不容置疑的。桑弘羊说，国家之所以要这样做，理由如下：

首先，盐铁国家专卖政策，可以防止地方势力割据。桑弘羊说，以前吴王刘濞之所以能够割据一方，不就是因为他能够临山铸铁，煮海为盐吗？国家不把盐铁这样关系生死存亡的经济资源控制在政府的手中是非常危险的。

其次，桑弘羊说，由国家来搞专卖的话，对打击富商大贾十分有利，制止他们囤积居奇、操纵市场谋取暴利。能够起到保障民众生活必需品供给的作用，杜绝了富商大贾哄抬物价、操持国家经济命脉的行为。

最后，这一些政策能够缓解国家的财政困难，尤其是解决国家军费开支紧张的状况。

桑弘羊反问道：往年，边境用兵的费用不足，因此才会兴起这些专卖政策。现如今要求取消，假如说国库就此空虚，军费也没有着落，防备边塞的战士陷入饥寒，国家怎么才能长治久安，御敌于国门以外呢？

在这次会议上，桑弘羊气急败坏，并且态度非常暴躁。东汉桓宽的《盐铁论》当中记载，多有"大夫不悦，作色不应""大夫勃然作色"等语。其中的"大夫"就是国家专卖政策的制定者和实施者、御史大夫桑弘羊。

"贤良"们所主张的，其实就是为了百姓生活的安定，因此呼吁把盐铁专卖等经济政策彻底废除掉。这和儒家知识分子所秉持的恤民思想是完全一致的。假如说这个建议能够得到实现，那么将会受到当时民间工商业者和农民们的欢迎。

而当数民间的工商业者最受欢迎。因为到目前为止，工商业者的利益，一直都被国家和国家专卖机构所剥夺。

其次，考虑到当时民间有能力从事制盐和铸铁等业务的群体不多，除了中央和地方的一干豪族意外，也只能是工商业者了，他们可以向朝廷推荐"贤良"。

这些渴望打破国家垄断，进入盐铁行业的地方豪族，推举了一批和自己经济政治诉求相近的"贤良"，然而这一批的"贤良"在第二年便借着入宫倾诉民间疾苦的机会，对朝廷经济政策的主要决策者桑弘羊发起了非常猛烈的攻势。

其实，盐铁会议的倡导召开者是当时担任首席辅政大臣的霍光的亲信杜延年。也就是说，这场看似是国家经济之争的辩论实际上是汉武帝时期朝廷背部托孤的大臣们之间的内政。

霍光、桑弘羊等人同时是托孤辅政大臣，汉昭帝年幼无法亲征，托孤大臣们之间的彼此倾轧。从他们接过托孤诏令的那一刻开始，实际上斗争就已经开始了。盐铁官营，其实是借着"贤良"之口攻击桑弘羊，不过是彼此剧烈倾轧过程当中的一次小高潮而已。

局势分析

盐铁会议召开很快废止了政府对于酒业的垄断，并且取消了部分盐铁专卖。然而，盐铁会议最重要的贡献，就是提出一个迄今为止依然适用的宪政原则，政府只可以适当的税率收税的形式，而不是经营一般性商业的形式获得提供公共物品的资源。

或许"桑弘羊们"在设立盐铁专卖之初是真诚的，当时对匈奴的大规模进击也可能暂时超出了财政能力。但是一旦得到了垄断的利益，他们就不会再放弃。国有企业既然是企业，那么追求利润最大化就是天经地义的。追求的手段第一是市场竞争，第二是利用公有权力改变产权边界、利益边界和市场规则。国企越界最严重的地方，还是对国家利益的侵夺，也正是国企管理层对国家利益的侵夺，才是问题的要害。为了追逐更多的利益，他们就会更加主动地和系统性地利用公权力，推动着"国进民退"。更加严重的是，他们打着"国"的旗号做着损害"国"的事情，造成对国家的双重损害。

汉武帝接受了桑弘羊的建议，实行了盐、铁和酒的国有专卖制度。后来汉武帝晚年发布《轮台罪己诏》，对于超出反击匈奴范围的过度军事征伐有所悔悟，转为更加和平的政策。但是一直到汉昭帝时期，仍然没有取消的盐铁专卖制度引起了广泛的不满，才会导致《盐铁论》记载的大辩论。这就是在辩论"国"究竟要不要退的问题。盐铁会议时，为盐铁专卖辩护的人说那是为了筹集抵御匈奴的军费；反对盐铁专卖的人则强调儒家的经典原则，就是和不民争利。今天为国进民退辩护的人说国企的发展是为了实现国家战略目标，而反对的人则强调经济自由主义原则，坚持说政府以及国有企业的利益行为应在公共物品领域或者准公共物品领域活动。主张盐铁专卖和主张"国进"的人都暗示，国有企业在竞争性的产业当中经营是为了给国家财政作出额外的贡献，以弥补国防费用的不足。

其实这是一个最似是而非的说法。根据国家统计局的资料，从1994年开始，中央级的国有企业不仅没有向国家财政贡献一分钱，反而让国家承担了3680亿元亏损。

击败匈奴

汉朝建立之后，一直都受北方强大的匈奴族的威胁，汉朝也开始采取各代皇帝的"和亲"政策。

汉武帝时期，因为国力空前强盛，反击匈奴的条件也成熟，所以于公元前133年到公元前119年对匈奴展开了大规模的反击。公元前133年，汉朝和匈奴的关系破裂，匈奴频繁大举进攻汉朝北方边郡，汉军也屡次发动反击，其中影响较大的是带有决定性的汉朝将军卫青、霍去病带领将士攻击匈奴的三次战役。

卫青字仲卿，河东平阳人，河东平阳也就是今天的山西临汾。他是我国历史上尽人皆知的常胜将军，为汉朝拓展疆域做出了重大贡献。西汉时，他多次率领大军平叛匈奴的侵扰，屡立奇功，为西汉解决了多年来的忧患。为此汉武帝对其非常赏识，封其为大将军。

卫青的父亲其实并不姓卫，原本是一个私生子。这件事的来龙去脉还要从卫青悲惨的童年说起。他的母亲是平阳公主夫家的一个婢女，因为他母亲的丈夫姓卫，所以后人称他母亲为卫媪。卫媪为她的丈夫生了四个孩子。后来卫媪的丈夫死后，她仍留在平阳公主家做女仆。再后来因为与平阳公主家的郑季私通，就生下了卫青以及他的兄弟姐妹三人。也就是说，其实为卫青的父亲是平阳公主家做事的小吏郑季。后来因为卫青同母异父的姐姐卫子夫入宫得到了汉武帝的宠爱，所以她母亲生的七个孩子都姓了卫。

在卫青七八岁的时，由于他的母亲要抚养七个孩子，生活非常艰难，就把小卫青送到了郑季的家里。按当时的规定，小吏的儿子可以上学读书。但私生子的身份使卫青在郑家受到了歧视，连他自己的亲生父亲都不怜惜他。他在郑家经常遭受到其他同父兄弟们的欺辱，甚至让他去山上放羊，还把他当作奴仆使唤。等到卫青稍微大一点的时候，终于忍受不了季家的折磨，就回到了母亲那里。有一天，平阳公主无意间看到了他，对这个英俊懂事、勤奋好学的青年非常喜欢，就让他做了自己的侍从骑奴。

卫青生性聪明好学，在他当骑奴的日子里很快掌握了骑射技术，这为他以后的生涯打下了基础；而且他还慢慢地学到了一些文化知识，对于上层阶级的礼节也有了些了解。由于他对郑家人的怨恨，最终他决定不再姓郑，冒姓为卫，完全断绝与郑家的关系。

平阳公主平日里培养了一批能歌善舞的美女，想以此来讨得皇帝弟弟的欢心。卫青同母异父的姐姐卫子夫就是公主府里出了名的才貌双全的歌女。他们一家人都在公主府里为奴，过着寄人篱下的生活。一次，汉武帝出席祈福仪式，在回宫的路上就顺便进了平阳公主家。宴席间，平阳公主让自己平日培养的那些歌姬出来为皇上表演，尽展歌喉。汉武帝被卫子夫的美貌和婉

转的歌声而倾倒，于是就将她召来宠幸。

建元二年的春天，也就是公元前139年，汉武帝将卫子夫选入宫中，卫青的命运也因此而改变了，被召到建章宫里当差。

卫子夫进宫后一年都没有见到汉武帝。就在她将要被遣散回家的时候又再度得到了皇帝宠幸。这个时候的卫青也正受训于上林苑建章营内。在宫里受训的日子对他以后的军事生涯起了很大帮助。由于卫青的聪明和生性随和，让他结实了好多朋友，骑郎公孙敖就是其中的一个。

卫子夫受到皇帝的宠爱，并且很快就有了身孕，这让当时的陈皇后非常嫉妒。陈皇后馆陶长公主的女儿陈阿娇，当年汉武帝对其许下了"金屋藏娇"的誓言。后来汉武帝即位，陈阿娇被立为皇后，但是却一直没有生下孩子。所以她担心卫子夫诞下皇子之后会对自己的地位产生威胁。可是她自己又不敢加害卫子夫，就去找她的母亲大长公主想办法。大长公主为了不让女儿丢掉后位，就随便给卫青安了个罪名，把他抓了起来，并准备杀死他。就在这时候，他的好朋友公孙敖得到了消息，立即召集了几名壮士去解救他，终于把卫青救了回来。另一方面还派人将这件事秘密告诉了汉武帝。这让汉武帝非常生气，不仅对卫子夫进行了加封，还召见了卫青，并对其封了赏，加了官。

后来陈阿娇又以"巫蛊"的伎俩诅咒卫子夫。汉武帝知道后就废了陈阿娇的皇后之位并且把她打入了冷宫。再后来，卫子夫生下一名男孩，被汉武帝册封为皇后。

当时汉朝整个局面其实是被窦太皇太后控制着，汉武帝是有名无实。他力主改革，想实现自己的政治理想，所以迫切需要吸收一些新鲜血液壮大自己的势力。在这个时候，卫青就成了刘彻近臣的一分子，也奠定了日后他被委以重任的基础。

公元前129年，汉武帝任命卫青做车骑将军，与李广、公孙敖等各自带兵攻打匈奴。这一仗大家都没能建功，唯独卫青杀敌七百人，因功被赐侯。第二年秋天，卫青率骑兵三万，再次攻打匈奴，斩首数千。又过了一年，卫青再从云中出发，至陇西，俘获几千个俘虏，牲畜百万头，打败白羊王、楼烦王，夺得黄河南边，并设立其为朔方郡，卫青被封为长平侯。匈奴经常骚扰汉朝边境，公元前 124 年春，卫青率领三万骑兵，再次出兵匈奴，汉军趁夜突袭匈奴大营，杀了匈奴大军一个措手不及，匈奴大败，汉兵俘虏匈奴军民共五千余人，牲畜数十万。因为这一仗，卫青被封为大将军，加封食邑八千七百户，卫青的儿子还在襁褓之中，也封了侯。第二年，卫青两次带领李广等人进攻匈奴，皆有斩获。但跟随卫青一同出征的苏建、赵信所率领的三千余名骑兵，不幸与匈奴大军遭遇，苦战一天多，汉兵们死的死，伤的伤，几乎全军覆没。赵信原本就是胡人，见情况紧急，干脆带着手下仅剩的八百多人一起投降了匈奴。苏建的部下力战而死，他一个人独自逃回。卫青没有斩杀苏建，只是囚禁了他。卫青大军虽然战况不佳，但另一个屡建奇功的将领——霍去病，在这次战役中首次出征，以骑兵八百的兵力，独自与匈奴交锋，斩杀敌人加捕获俘虏两千多人，皇帝大为赞赏，当年霍去病就被封侯。

霍去病与卫青是亲戚，是卫青的外甥，也即卫子夫的外甥，卫子夫因生子被封皇后，霍去病因为这个缘故，18 岁就成为侍中。霍去病先担任骠姚校尉，再做冠军侯，最后成为骠骑将军。

元狩二年（公元前 121 年）春，霍去病以骠骑将军的身份，率万名骑兵出陇西，取得大胜。这年夏天，霍去病带领公孙敖、李广等再次出征，霍去病又立下了大功。因浑邪王屡战屡败，匈奴单于非常恼火，想召来浑邪王把他给杀了，浑邪王知道单于的意思，就打算投降汉朝，汉武帝派霍去病前去迎接，匈奴兵等到真的见了汉军，部将中多半又不愿意投降了，一时之间场面混乱。霍去病在匈奴军中长驱直入，杀了八千不肯投降的人，余下的纷纷投降，有几万降兵。这一年汉军出征匈奴，让匈奴人闻风丧胆。元狩四年（公元前 119 年）春，卫青、霍去病各自率领五万骑兵，再次出击匈奴。匈奴人用降将赵信的计策，将士兵带的远远的，汉军远程而来，必然会疲劳，那时再乘机进攻。霍去病在这一仗中，出塞外二千多里，轻车骏马，远绝大漠，斩杀、俘虏敌人共七万多名，并迫使单于将宫廷远远搬到戈壁以北。

局势分析

卫青、霍去病都是西汉名将，主要功绩是攻打匈奴。李广与他们是同时

期的将领，为人诚信，能征善战，但征战数年却因为种种原因，未能建功，卫青、霍去病屡建功勋，为后来汉朝和匈奴和亲做了铺垫。

卫青和霍去病击败匈奴之后，西汉仍然和匈奴保持着"和亲"的关系。只不过，这时候的"和亲"与汉朝初期的和亲已经不一样了。公元前33年，汉朝将宫女王昭君嫁给了呼韩邪单于，加强了汉朝和匈奴之间的友好关系。

说点局外事

卫青为人非常深沉谦逊。有一年，他征战回来功过相抵，宫中王夫人正受汉武帝宠幸。卫青听从建议，送了五百金给王夫人的母亲作为寿礼，汉武帝知道这件事后，也非常高兴。卫青身为大将军，却不肯大张声势，招待宾客，延揽士人，以免被天子猜忌。卫青也曾办过不谨慎的事，汉武帝时期，曾经为了削弱地方的势力，迁徙地方富豪于茂陵，大侠郭解虽然并非富豪，但侠名在外，人尽皆知，也被列入迁徙人员的名单里。卫青为了他去找汉武帝说情，汉武帝不准，认为一介平民，居然能让大将军出面说情，那肯定是有钱的。卫青受训，诺诺而退，从此处事更为小心谨慎。

相比之下，霍去病为人就比较任性使气。他虽然带兵打仗，居然连古兵法都没有学过。汉武帝曾经想教他吴子、孙子兵法，他立刻拒绝，认为打仗只需要明白大致的方略就行了，古兵法什么的，没有必要学。虽然不肯学习，但他以国家大事为己任，汉武帝曾为他盖房子，让他抽空去看看，他说了一句流传千古的话："匈奴未灭，何以家为。"他天性剽悍果敢，无所顾忌，不爱士卒，不重士人。出征时，他自己带足精细的食物，班师回朝时还常有剩余，但跟随他的士卒却常常吃不饱。在塞外，士兵因缺粮饿得疲惫无力时，他还要下令修建临时球场，踢球娱乐。霍去病不读兵书，也不爱惜士兵。尽管如此，却也能常常打胜仗，可见天下的事，也不能一概而论。

张骞出使西域

张骞，字子文，汉中郡城固（今陕西省城固县）人，汉代卓越的探险家、旅行家与外交家，对丝绸之路的开拓有重大的贡献。开拓汉朝通往西域的南北道路，并从西域诸国引进了汗血马、葡萄、苜蓿、石榴、胡桃、胡麻等。

汉朝所说的西域，是指现今新疆和中亚细亚一带。这一地区和现今甘肃省的大部分以及宁夏等地，当时都在匈奴的控制下。当时的汉朝与西域分别处于匈奴的东、西两边，不能直接来往。匈奴一直是汉朝严重的边患。汉武帝即位后，一心想彻底解除匈奴的威胁。从投降的匈奴人那里获悉，西域有个叫大月氏的国家，同匈奴有灭国杀君之仇。大月氏本在敦煌、祁连间（今甘肃河西走廊），后来被匈奴冒顿单于攻破。冒顿单于的儿子老上单于把大月氏王杀了，拿他的头颅做成酒器（有说尿器），作为胜利的纪念。大月氏被迫迁移到大夏（今中亚细亚布哈尔之南）。汉武帝想联合大月氏，由双方出兵夹击匈奴，施行"以夷制夷"的策略。但大月氏远在西域，与汉朝一向无来往，彼此相距万余里，如何去联系呢？非派遣一个有大勇、大略的人前往不可。

一个非凡勇敢、健壮的人被选中了，这人就是张骞。张骞在朝中任"郎"的官职（汉制，郎是殿廷侍卫的意思，不在正规编制之内）。汉武帝见他长得仪表非凡，心中甚是喜欢，委以专使，前往大月氏。当时张骞不足30岁。

汉武帝建元二年（公元前139年），张骞带领了一百人的队伍，从长安出发远征。他的主要助手，是一名熟悉匈奴情况、名叫甘父的奴隶。张骞持"节"（一根七尺长的竹竿，挂着三把牦牛毛，表示皇帝使臣的身份），渡过黄河，悄悄进入河西，想通过河西匈奴地区，去西域寻找月氏国。不料，在河西西部沙漠里迷路，遭遇到大队匈奴骑兵，并被其俘虏。

张骞被带到单于处受审。因张骞所持汉节和致大月氏的玺书均已被匈奴兵卒搜去了，他无法隐瞒，便直言自己是汉朝派赴大月氏国的使者。张骞和他的部众全部被匈奴扣留。

单于对张骞说："月氏在吾北（其实是在匈奴之西），汉何以得使？吾欲使越（指广东而言），汉肯听我乎？"为劝降张骞，单于挑选了一名胡女嫁给张骞为妻，目的不仅要留下他，而且要他投降，进而为匈奴谋划南下，以犯汉朝。

张骞手持汉节，忠心耿耿，被软禁了十年。随行的壮士几乎死散殆尽，只剩下二三十人。但张骞心如铁石，对国家所赋予的使命未曾忘记一日。日久年深，匈奴对他的监视也宽懈了。一日，乘匈奴不备，他率部分属员向西逃去。他们在茫茫沙漠中走了几十天，又迷了路。张骞以日月星辰判断了方位。食物短缺，幸赖甘父善射，猎得飞禽走兽来充饥解渴。历经百般艰辛，他们走了十几天，终于到达西域大国之一的大宛（今吉尔吉斯共和国一带）。

大宛国王早就听说东方有一地大物博、富庶繁荣的汉朝，见到汉朝使者来访，非常高兴，殷切款待，敬如上宾。张骞表明来意后说道："如果国王肯助我到月氏国，将来回汉朝后必重礼相谢。"大宛王很羡慕汉朝的稀珍财物，于是派人护送他们到康居国（今土库曼斯坦），由康居转至大月氏。

这时，大月氏太子即位，而且因大月氏已征服了大夏，有肥沃的土地，生活富裕，四境安宁，已无意再向匈奴轻起干戈，报复旧仇。张骞虽一再游说，费尽口舌，终不得要领。大月氏王，对汉使千万里迢迢来访，很为感激，但的确感到两国相距遥远，夹击匈奴之策万难实现。远隔万水千山，同汉朝结盟，只能是愿望而已。

张骞在大月氏住了一年多，终于怀着失望的心情，颓然而返。

回程时，为免遭匈奴留难，也为探寻新的路线，张骞取道南山，想经羌中东来，避开匈奴。不幸，过羌中后，又为匈奴游骑所俘。张骞原以为此次必死无疑，但在匈奴一年多后（公元前126年），老单于病故，太子和他的弟弟为争王位发生内讧。张骞乘机携胡妻得以逃出。张骞出使时，同去壮工一百人，归来时只剩下了他和甘父二人。

汉武帝得到张骞生还的消息，大喜过望，立即召见。

张骞于建元二年（公元前139年）出使，元朔三年（公元前126年）回朝。前后历时13年。不管遇到何等艰难险阻，那代表他神圣使命的"节"，始终握在他手中。汉武帝在长乐宫接见张骞时，张骞把那几乎脱光了毛的"节"，双手捧献给汉武帝。汉武帝很受感动，拜张骞为太中大夫。甘父被封为奉使君，尊称为堂邑父，以酬其多年的辛劳。

张骞虽未完成同大月氏国结盟、以夷制夷的战略使命，但他把在西域的所见所闻启奏汉武帝后，使汉武帝对西域产生了极大的兴趣。

张骞向汉武帝详细陈述了西域的情形：西域的范围很大，有三十多个国家，都在匈奴之西、乌孙之南（今伊犁河上游），南北有大山，中央有大河，那河东西长六千多里（今新疆之塔里木河）有东西两源。西源出葱岭，东源出于阗（今新疆于阗、和阗间）。于阗是西域的一个小国，在南山之下。南山之上终年积雪，又叫作雪山。雪山地势很高，好像一座房顶。于阗以西的河水都向西流，于阗以东的河水都向东流，流入一个大湖。湖水不会结冰，叫作盐泽（今之罗布泊）。这盐泽中的水，春夏不增、冬秋不减。原来，盐泽之东有一条暗流，从地底下潜行。东南由积石山流出，那就是黄河的源泉，是胡马羌人活动的地方。从陇西往西域，必须经过这胡羌之地。到西域的路有两条，沿大河南岸，南北山麓，可通莎车（今新疆莎车），这是南道。沿大河北岸，经北方之麓，一直通到疏勒（今新疆疏勒），再越过几层大山，就是大宛、康居，这是北道。

"臣从匈奴逃出，沿北道至大宛。大宛距长安一万两千余里，人口三十多万，地方富庶，人民多以耕种为生。那里的人好饮酒，富者往往藏酒万石，几十年也饮不完。那里有一种果实，累累如珍珠一般，甜蜜可口，叫作葡萄；又有一种草，青翠芳香，名叫苜蓿。平时，人食葡萄，马喂苜蓿。大宛的马，更是可爱，有一丈多高，二丈多长，浑身棕赤，如火练一般，一日可行千里。还有一个特点，那马每到日中出汗，汗下如血，故叫作汗血马……"

汉武帝听张骞所讲，不禁叹息道："这般好的地方，可惜路途遥远，又为匈奴、羌人所阻，不能交通。"

张骞道："臣此行，发现一条新路，可不穿过匈奴、羌中而直达西域。张骞身履其境的有大宛、大月氏、大夏、康古。听说附近还有五六个大国。臣在大夏时，见到邛（今四川）的竹杖和蜀布（细麻布）。据大夏人讲，这些东西都是从身毒国（今印度）买得的。可见，身毒国距我蜀地一定不很远。如自蜀经身毒国、大夏而到达西域，或许是通大宛的一条捷径哩！"

汉武帝听张骞讲西域、通西域的途径，大喜，拜张骞为博望侯。

张骞被封为博望侯不到两年，被降为庶民。元狩三年（公元前120年），霍去病由陇出击匈奴，派张骞和李广由右北平（今北京）分道出击。李广所部，被匈奴右贤王所率四万骑兵包围。李广虽杀匈奴兵三千，但汉兵伤亡四千人之多。幸赖张骞率兵及时赶到，使李广脱身，但张骞因行军迟缓而被判处死刑。幸亏他以前对国家有功，免死罪，但被削去"博望侯"封号，降为庶民。

张骞是在汉武帝元鼎二年（公元前 115 年）回到长安的，被拜为大行令（大行，即如今之大使），位列九卿，专门管理对外联络等相关事宜。不幸的是，张骞未能亲眼看见他同西域各国联络的成果。因劳累过度，他回国后一年多就与世长辞了。

局势分析

在汉代之前，西域对几乎所有的中原人来说都是非常神秘陌生的地方。西汉初年时，人们逐渐从东西往来的行商的描述当中了解到西域的一些情况，但也是有限的。公元前 138 年，张骞出使西域，打开了中国和中亚、西亚、南亚以及欧洲等国交往的大门，构建了汉和西方国家友好交往的桥梁，同时还促进了东西方文化、经济的交流和发展，对整个世界的文明和进步做出了巨大的贡献。

说点局外事

张骞失去了博望侯的功名，心中难免怏怏不快，很想有机会再出国一次，以求立功报国。恰在此时，汉武帝又召他入宫，垂问西域情形。张骞便向汉武帝讲述了西域的一个故事：

"匈奴之西，大宛东北，有个国家叫乌孙。乌孙王名叫昆莫。昆莫的父亲难兜靡，原住在祁连山和敦煌之间，与大月氏毗邻。昆莫刚出世时，大月氏攻击乌孙，将难兜靡杀死，昆莫被弃在旷野里。后来被乌孙翎侯（乌孙官名）抱起，辗转逃到匈奴。匈奴王以昆莫被弃不死，是为神人，便收养了他。昆莫长大成人后，英武非凡，屡立战功。匈奴便拨给他一支军马，助他复国。昆莫号召国人为父复仇，一战将大月氏击败。大月氏因此才被赶到西方。由于乌孙故土已为匈奴占领，昆莫便在现在的地方重建国家，但时常眷念故土。

"自老匈奴王死后，乌孙和匈奴的感情日疏，常常发生冲突。这些西域小国，无不贪恋我国的玉帛和女子。如果我们能遣使，赐以金帛，约为婚姻，那乌孙必来归附。这样，联乌孙以制匈奴，才是断匈奴右臂、一劳永逸之计。"

张骞的一席话打动了汉武帝，他起用张骞为中郎将。元狩四年（公元前119年），张骞带了三百随从、六百匹马、万头牛羊、千万金银，浩浩荡荡出使乌孙（今巴尔喀什湖、伊犁一带），打通西域，以断匈奴右臂。

因霍去病已开辟了河西走廊，汉朝同西域间已有直接通途。张骞此次出使，一路上未遇什么风险，顺利地到达乌孙国。

乌孙地处葱岭以北，是西域诸国中一个较强大的国家，习俗与匈奴相似。张骞去不逢时，他到达乌孙时，乌孙王昆莫已年老，国内诸子争王位，全国已分裂为三，自顾不暇，哪里还有心思来接待远途而来的汉使。

张骞联乌孙以制匈奴的策略经交涉无结果，但他利用在乌孙停留的机会，派遣许多副使分别到大宛、康居、大月氏、大夏、安息、身毒等国去访问。

张骞此行，财力雄厚、人才众多。他安排的这番大规模外交行动，很有成效。各国都派使答聘，一时间齐集乌孙。随后，乌孙也派了使者数十人，携带骏马数十匹，随张骞来汉朝观光。

各国使者，久闻汉朝国势鼎盛，今日一见长安城中宫殿之宏伟、帝王之威严、兵马之雄壮、民众之富强，无不触目惊心。他们回朝报告时，把汉朝说得如天堂一般。从此，乌孙同汉朝的关系更进了一步。

苏武牧羊

苏武，字子卿，汉族杜陵人，杜陵位于今天的陕西西安东南一带。汉武帝时任中郎将。天汉元年（公元前100年）奉命出使匈奴，被匈奴扣压多年。十年间苏武历尽千辛万苦，任凭匈奴威逼利诱从不屈服。至始元六年（公元前81年），最终被匈奴释放回汉。苏武回国后，汉朝皇帝对其大加赞赏，在他死后，被汉宣帝列为麒麟阁十一功臣之一，以此来彰显他忠贞不屈的高尚节操。

自从卫青、霍去病等人将匈奴打败以后，双方口头上都表示愿意和好，并且也在接下来的好几年没有战事，但事实上匈奴一直没有打消过进犯中原的野心。

匈奴的单于一次次派使者来汉朝求和，但是让人意想不到的是汉朝派去回访的使者，有的竟被他们扣押了。

公元前100年，当匈奴再次进犯汉朝边境时，汉武帝正要带兵攻打匈奴，匈奴就派了使者来向汉朝求和，同时还把原来扣押的汉朝使者都放了回来。汉武帝为了对匈奴的善意求和进行答复，就派当时官任中郎将的苏武拿着求和用的旌节，带着他的副手张胜以及随员常惠，去匈奴回访了。

苏武到达了匈奴以后，将汉朝扣留的使者送回，并且送上了汉朝带来的礼物。苏武正在等待匈奴单于让他回去并带回信的时候，没想到一件倒霉的事发生了，这让苏武以后的人生都发生了变化。

在苏武到达匈奴之前，有个叫卫律的汉人，他在出使匈奴后不久被扣押了，然后就投降了匈奴。匈奴单于对他特别看重，就封他做了匈奴的王。

卫律有一个叫作虞常的部下，平日里对卫津的作为很不满意。他原来和张胜（也就是苏武的副手）是朋友。他和张胜在暗地里商量杀了卫律，然后再将单于的母亲劫持了，随即逃回中原。

张胜对于虞常的建议表示赞同，但却不想和他一起实施。后来没想到虞常计划失败，被匈奴人捉住了。单于对此事非常愤怒，下令审问虞常，并且要查出同谋。

苏武本来对这件事情毫不知情。可是这时候的张胜怕受到虞常的牵连，就把这件事完完整整地告诉了苏武。

苏武听完了张胜的话，说："既然事情已经到了这样的地步，那么最终我一定会受到牵。如果等到让人家审问完了再死，那不是更给咱们的大汉朝丢脸吗？"说罢，他就要拔刀自杀。幸好张胜和常惠眼明手快，将他手里的刀夺了下来，然后把他劝住了。

虞常虽然受尽了各种酷刑，但是他最终只承认了和张胜是朋友，并且供出了两人曾经说过话，至于和他同谋，虞常死也不承认。

卫津将结果报告给单于。单于听完大怒，想立即将苏武杀死，但是被大臣们给劝阻下来。单于想了想，放弃了杀苏武的念头，但是却叫卫津逼苏武投降。

苏武一听卫律是前来劝降的，就对他说："我作为大汉朝的使者，如果连自己前来回访的使命都违背了，连自己的气节都丧失了，那还有什么脸面活下去呢？"说完就拔出刀来要抹脖子。

卫津见到这种情形，吓得慌忙将他一把抱住。但此时苏武因脖子已经严重受伤，昏了过去。

卫津慌忙叫人对苏武进行抢救，苏武这才慢慢地醒过来。

单于对于苏武的行为非常吃惊，觉得苏武是个好汉，有气节，于是对他十分钦佩。苏武的伤刚刚痊愈，单于就又想逼迫苏武投降匈奴。

单于派卫律对虞常进行审问，让苏武坐在一旁听着。然后卫津又把虞常定为了死罪，接着就把他杀了；卫津又举剑对张胜进行威胁，张胜最终因为贪生怕死投降了。

卫律处置了张胜以后，对苏武说："你下属犯了罪，是因为你失职，管教不严，所以你也得连坐。"

苏武说："根据法律，我没有和他们同谋杀害你，又不是他们其中任何一个人的亲属，他们有自己的思想，他们犯了错为什么我要连坐？"

卫津举起剑威胁苏武，苏武看着卫津不动声色。最终，卫津没有办法，只好放下了举起的剑，对苏武软语相劝道："其实刚开始我也和你一样，死活不投降匈奴，但是单于对我非常好，不仅封我为王，还给了我满山的牛羊和几万名部下，让我在这享尽了富贵荣华。这些都是我们在汉朝没有的待遇啊。如果先生能够向匈奴投降，你的明天也一定会和我一样，甚至会比我更好，何必这样固执，最终也许会白白地送掉性命呀！"

苏武听完卫津的话，突然怒气冲冲地站起来指着他说："卫律！你不要忘了你是汉人的儿子，你是大汉朝的臣子。可是现在你却忘恩负义，你叛国投敌，你背叛了生你养你的父母，厚颜无耻地成了汉奸，如今还能舰着脸来让我投降。你做梦吧，无论怎样我都不会投降的。"

卫津没有劝降苏武，反而碰了一鼻子灰，他回去向单于报告了这个情况。单于不信还能有这么倔强的人，就把苏武关在了他们的地窖里，不给他饭吃也不给他水喝，想尽了一切办法对他进行长期的折磨，逼他屈服投降。

这时候正是寒冷的冬季，在这天寒地洞的地窖的外面下起了鹅毛般的大雪。苏武忍受着饥饿的折磨，渴了，他就从地上捧起一把雪放在嘴里止渴；饿了，他就扯一些能够充饥的东西拿来啃，例如破皮带、羊皮片等。就这样连续过了好多天，他居然奇迹般地活了下来。

单于见对他进行折磨也没用，于是就把他送到了北海的边上，让他去那里去放羊，并且把他和常惠分开，不允许他们互相传递消息，单于还对苏武说："要想让我放你回去也可以，等到有一天公羊能够生小羊的时候，我就放你回去。"大家应该都知道公羊是不可能生小羊的，单于这样说的目的不过是在说放苏武回去已是不可能的了。

在这之后，苏武就被送到了北海，让人没有想到的是当时的北海旁边连人都没有，唯一能够陪伴他的就是他手里那根代表朝廷的旌节。在北海的日子非常艰难，匈奴不给苏武提供口粮，他饿了只能挖掘一些野鼠洞里的草根。日子久了，就连他手中那根旌节也变了样，上面穗子全掉了。

这样的日子一直到持续到公元前85年，所有的人似乎都忘记了这个守在北海上的人。匈奴的单于终于死了，匈奴内部也发生战乱，当时的匈奴被分裂成三个国家。新继位的单于再也没有力量和精力去和汉朝打仗，就又派使者来到汉朝求和。那个时候，原来在位的汉武帝已经离世了，当时在位的皇帝是汉昭帝。汉昭帝立即派了汉朝使者到匈奴向当时的单于要人，让他们放回苏武。但匈奴不甘心，就对汉朝使者谎称苏武已死。派去的使者想这么多年过去了，苏武又受尽了磨难，就对单于的话信以为真了，此后也就再没提起过。

第二次，汉朝又派使者到匈奴回访，这时候苏武原来的随从常惠还留在匈奴。于是，他就想尽了办法把一个匈奴人买通了，私下里和来匈奴回访的汉朝使者见了面，然后告诉他苏武被原来的匈奴单于送去北海牧羊的情况，并求汉朝解救他们。使者了解了常惠的所说的情况，再次见到单于的时候，使者严厉地对他责备道："匈奴既然有意与我们大汉朝和好，实在不应该有事情欺骗汉朝皇室。那日，我们皇上在狩猎时射下一只大雁，没想到它的脚上却拴着一条绸子，绸子上面写着苏武还活着，可是你怎么就说他已经死了呢？这到底是什么原因呢？我们皇上对此事很看重，想知道匈奴是不是故意扣人不放啊？"

单于听完了使者的话，吓了一跳。他还真以为苏武的忠义连飞鸟都被他感动了，所以大雁才替他送的消息。为此他郑重地向使者道了歉，他对使者说："苏武的确实还活着，我们这就把他完好无损地送回去就是了。"

当初苏武去匈奴出使的时候只有 40 岁。他在匈奴留了 19 年。在这 19 年里他受尽了折磨，胡须和头发都已经全白了。在他回到长安的当天，来迎接他的不只是他的家人、朋友，而是整个长安的人民。当他们看见白发苍苍的苏武手里拿着那根只剩下一根光杆子的旌节时，没有一个人不被他的精神所感动，所有的人都认为他是汉朝的大英雄，是个有气节的大丈夫。

局势分析

苏武身上的那种不辱使命的精神值得我们肃然起敬，他受到了非人的折磨依旧牢记着自己的使命，这种精神非常值得我们去学习。他这种坚忍不拔的精神也是常人很难有的，在他被送到贝加尔湖放羊的时候，没有水、没有粮，并且荒无人烟。在这样恶劣的环境当中很难会有人活下来。那时候的苏武一定非常思念自己的祖国和亲人，就是这种坚忍不拔的精神，支撑着苏武活了下来，并且一待就是 19 年。

与他们一同去的人大部分都投降了，但是他却不投降。这表现出他坚强的民族气节。在他身上那种坚强不屈的精神，也体现在他被审问的时候，单于以高官厚禄引诱他的时候，他都拒不接受，是他的这种精神支撑着他没有投降。他的爱国精神也是支撑他在那种恶劣环境当中活下来的信念之一，假如不是这种精神，即便是他再坚强不屈，也会受不了利益的折磨而投降的。苏武的民族英雄气概，是值得我们敬仰和学习的。

说点局外事

苏武即将返回汉朝，李陵为苏武送别，祝贺他等到重回汉朝的这一天。苏武的回朝，必将受到汉朝人民的爱戴，受到皇上的褒奖，在史书上也将留下厚重的一笔。李陵感慨说：自己开始的时候想要劫持单于，然后正大光明地返回汉朝，面见皇上，但是皇上并没有给他时间，而是灭了他的家族，让他痛苦不已，对回到祖国再也不抱希望。只有苏武是他的知音，明白他的志向。这一回，他们俩就算是永别了。

巫蛊之乱

汉武帝一共有六个儿子，除了太子刘据就是王夫人所生的齐王刘闳、李姬生的燕王刘旦、广陵王刘胥，李夫人生的昌邑王刘髆以及"拳夫人"生的刘弗陵。在这六个儿子当中，汉武帝最喜欢的是小儿子刘弗陵。

公元前94年，刘弗陵出生了，他比太子刘据小了整整34岁。他的母亲是赵姓河间人氏。人生得相当漂亮，但是喜欢握着拳头，所以就有了"拳夫人"的称号。

相传拳夫人怀了刘弗陵14个月才生下他，汉武帝当时已经64岁了，因此老年得子使得汉武帝对刘弗陵十分疼爱。

他对大臣们说："古时候的帝尧是14个月生的，我的这个儿子也是14个月，由此可见他的母亲和帝尧的母亲差不多。"于是，汉武帝便把拳夫人居住的那座宫室的大门改称"尧母门"。汉武帝经常夸耀刘弗陵和自己像，并且打算将太子刘据废掉，将刘弗陵立为太子。

之前，汉武帝因为宠爱着卫皇后，因此对太子刘据也非常喜欢。但是，刘据的脾气性格跟他的父亲完全不相同。例如，汉武帝喜欢随意用酷吏，加重刑罚，从来都不把杀人当作一回事，刘据便经常劝他实行宽厚仁慈的政策，甚至还会利用太子的地位来亲自纠正不少冤案错案。

汉武帝大兴土木，连年用兵，国库的钱都花光了还是不够，然而刘据则常常劝他与民休息、免除赋役，尽量减轻老百姓的负担。因此，汉武帝就慢慢地对刘据产生了不满和怨恨。尤其是大将军卫青和骠骑将军霍去病去世之后，卫皇后便没有了依靠，汉武帝对刘据便更加冷淡了。这么一来，朝廷的大臣就分成了两派。但凡是比较忠厚老实的大臣，都拥护刘据，说他心眼比较好。那些见风使舵的大臣，越来越瞧不起刘据，经常在汉武帝面前说他的坏话。

一日清晨，太子刘据向卫皇后请安，到了中午才回去，有个叫作苏文的宦官便向汉武帝告发说：太子经常在后宫调戏宫女，真是不像样子！汉武帝当时也没有说什么，但是他故意给刘据又增添了很多宫女，看看他究竟会怎么样。后来，卫皇后听了这件事，便吩咐刘据去找汉武帝分辨一下，以免遭人暗算。但是刘据却说："我并没有犯什么过失，何必要怕他们，再说父皇那么聪明，怎么会轻易相信那些奸臣。"

汉武帝后来搬到了甘泉宫养病，太子刘据便派人去问候。此人不小心走了只有皇帝的车马才可以行走的御道。正好被绣衣御史江充碰见，就扣押了那个人。刘据知道后，赶紧向江充赔礼，要他把那个人放了。江充非但不放人，反倒上奏给汉武帝。汉武帝听了之后称赞江充做得好。从此，江充知道自己已经得罪了太子刘据，害怕将来太子即位之后自己会遭到报复，便千方百计地寻找刘据的差错，好让汉武帝将太子废掉。

这时，正好赶上巫蛊术在京城里非常盛行。巫蛊术，其实就是方士和武士们一起搞起来的一种迷信骗术。他们教人们制作木头人，在上面刻上冤家的姓名，再埋到低下或者是放到房子里，日夜诅咒。根据他们说，这样诅咒下去，就能让对方遭殃，自己得福。而这种巫蛊之术也传进了皇宫。

宫里那些怨恨皇帝、皇后和其他人的美人、宫女们都纷纷埋藏木头人，偷偷诅咒起来。汉武帝对这一套也十分迷信。有天中午，他正在床上躺着睡觉，忽然梦见几千个手拿棍棒的木头人朝着他打了过来，把他给吓醒了。他感觉有人在诅咒他，便即刻让江充去追查。江充是个心狠手辣的人，他找了很多心腹，到处发掘木头人，并且还用烧红的铁器强迫人们招供。无论是谁，只要被江充扣上了"诅咒皇帝"的罪名，那就不能活命。没过多久，他就诛杀了好几万人。

这场惨案当中，丞相公孙贺一家，还有卫皇后的女儿阳石公主、诸邑公主，都没有幸免。公孙贺是卫皇后的大姐夫。他的儿子太仆公孙敬声，因擅自动用军款，被关进了监狱。

汉武帝当时正在捉拿一个叫作朱安世的大侠客，怎么也抓不住。公孙贺为了替儿子赎罪，就请求汉武帝派他担当这项使命。没过多久，公孙贺就真的抓住了朱安世，并将他关进了监狱。朱安世这个人买通了看守监狱的官员，

偷偷给汉武帝写了一封信，告发公孙敬声和阳石公主私通，并且还埋了木头人诅咒皇上。

汉武帝勃然大怒，马上提拔涿郡（今河北涿州）太守刘屈氂为丞相，将公孙贺父子都关进了监狱，派人严加拷问。公孙贺父子受尽折磨，纷纷在监狱中丧了命。阳石公主、诸邑公主和卫青的儿子长平侯卫伉，因为和这件案子有牵连，也都被杀死。

江充见汉武帝对自己的亲生女儿都下毒手，便更加大胆起来。他让巫师檀何对汉武帝说皇宫中有人诅咒皇上，蛊气很重，假如不把那些木头人挖出来，皇上的病就好不了。于是汉武帝便委派江充带着按道侯韩说、御史章赣和宦官苏文等到皇宫里搜查木头人。

他们先从和汉武帝比较远的后宫开始，一直搜查到卫皇后和太子刘据的寝殿，屋里屋外都给搜遍了，一片狼藉，弄得连放一张床的空地都没有。

为陷害太子刘据，江充便趁人不注意，把事先准备好的木头人拿出来，大肆宣扬说在太子宫中挖掘出来的木头人最多，还说发现了太子书写的帛书，上面写着诅咒皇上的话，应当马上奏明皇上，办他的死罪。

刘据见江充故意陷害自己，于是赶紧和他的老师石德商议。石德是"万石君"石奋的孙子。他害怕自己和刘据一起被汉武帝杀死，于是给刘据出主意说：前些日子，公孙丞相父子和两位公主以及长平侯卫伉都是这样被他们害死的。现如今他们又说在太子宫里掘出了木头人，是真是假，无法和他们分辨。倒不如先把江充抓起来，查办他的罪行。刘据不肯这样做，他对石德说：江充是皇上委派的大臣，自己也没有办法逮捕他，如今的上策倒不如亲自去甘泉宫奏明皇上，或许还能得到皇上的赦免。随后，刘据准备好车马要到甘泉宫见汉武帝。

江充害怕刘据向汉武帝揭穿自己的阴谋，于是赶紧派人拦住刘据的车马，韩说怎么都不放他走。刘据被逼得走投无路，只得采取石德的建议，挑选了一个心腹装扮成汉武帝派来的使者，把江充、檀何、韩说等人监押起来。韩说怀疑这当中有诈，不肯服从命令，当场就被这个假使者砍了脑袋。武士们把江充等人推过来，刘据指着江充骂道："你这个奸臣，现在还想来挑拨我们父子的关系吗？"说完，刘据便借口江充谋反，命令武士将他斩首示众。那个巫师檀何也被拖到一边活活地烧死了。

为了预防不测，刘据急忙派人给卫皇后通报，调集军队来保卫皇宫。苏文、章赣逃到了甘泉宫，向汉武帝说太子刘据要起兵造反。汉武帝不相信，便说道："大概是因为太子害怕了，又非常恨江充的作为，这才出了乱子。我把他叫来问问就是了。"

汉武帝派使者去传太子，那个使者来到长安城下见到一些官民都从城里逃出来，都说太子起兵造反了，吓得他们也不敢进城。使者见状便跑回来向汉武帝报告太子真的造反的事情。汉武帝信以为真，马上向丞相刘屈氂下达了一道诏书，命令他调集军队进攻长安，前去捉拿太子。

刘屈氂召集附近各县邑的军队进攻长安，刘据事到临头，只好将武库打开，把京城里的囚犯都武装起来，由石德和他的门客张光等人带领着去抵抗刘屈氂的军队。他还向城中的文武百官宣布皇上在甘泉宫养病，有奸臣起兵作乱。这样一来，弄得城里的官民也不知道究竟是谁在造反，局面更加混乱。

汉武帝只得带兵回到建章宫，并亲自督促刘屈氂和太子刘据作战。双方在城里混战了四五天，死伤好几万人。大街上到处都是血污和尸体。结果刘屈氂打败了刘据，俘虏了石德和张光。

眼见大势已去，刘据赶紧带着他的两个儿子朝南门逃走。当时，防守南门的是辅佐丞相的官员田仁，他不敢杀害太子，于是放走了他们父子三人。

刘屈氂追到南门，听说田仁把刘据放走了，马上命令士兵把他捆绑起来斩首。御史大夫暴胜之急忙拦住了刘屈氂。田仁好歹也是二千石的大臣，要杀他也需要奏明皇上的，刘屈氂押着田仁向汉武帝报告。在气头上的汉武帝，不但下令杀了田仁，并且还把暴胜之也捆绑起来，暴胜之被关在监狱，料想不会得到汉武帝的饶恕，便自杀了。卫皇后被迫交还了皇后的印绶，也自杀了。

太子刘据带着他的两个儿子逃出长安，跑到了湖县的一个老百姓家中躲了起来。这户人家非常穷，靠着卖草鞋过日子。现在又突然增添了三口人，更是吃了上顿没下顿，很难维持生活。

刘据没有办法，只好派人去寻找当地一个很有钱的朋友，请他接济。但是那个朋友还没有找到便走漏了风声。没过多久，新安县令李寿知道了太子

的下落，于是带领人马前来捉拿他。刘据无处逃跑，只好在门上栓了一条绳子，上吊死了。他的两个儿子和那一家的主人，也被李寿手下的张富昌等人杀死了。

这便是历史上著名的"巫蛊之祸"。

局势分析

巫蛊之祸的发生，导致大量上层官员被杀，国之根本发生动摇，巫蛊之祸也是西汉由盛而衰的转折点。

巫蛊之祸的发生和过度，前后将近四十万人因此受到牵连，一时间人人自危，统治者的权威和信任也大大受到了挑战。刘据的自杀更是让汉武帝多年培养的接班人计划落空，刘氏接班人大量受到牵连，朝中大臣也大多都受到株连，因此导致了后来霍光的专权。

说点局外事

太子刘据死后，汉武帝派人调查事情的始末，才知道了卫皇后和太子刘据从来都没有埋过木头人，这一切都是江充搞的鬼。

在那场巫蛊之祸中，他杀死了太子和两个孙子，不禁又悲伤又后悔。于是他下令灭了江充的宗族，又把苏文绑在渭桥上活活地烧死了。李寿和张富昌也都全部被灭门。

晚年的汉武帝越想越难过，于是派人在湖县修建了一座宫殿，叫作"思子宫"；又造了一座高台，叫作"归来望思之台"，借以寄托他对太子刘据和那两个孙子的思念。

第四章　兴久必衰

霍光辅政

汉武帝为了将西域疏通，于是便征伐匈奴，过程中耗费了巨大的国力，再加上汉武帝平日生活比较奢侈，因此国库逐渐空虚。汉武帝又比较迷信，相信神仙之类的学说，因此连续好多年都大兴土木，使得皇家越来越贫穷。几乎把"文景之治"这七十多年所积累的财富花得一干二净。

国库一空虚，汉武帝自然就开始着急，于是他就加重税收，到最后甚至开始卖起官职和爵位来。只要有钱，就能买到官职来做。这对于那些有钱人来说无异于是好时机，于是有钱人花钱买了官来做。做上了官，就要想方设法把买官的钱弄回来。这一来就要从百姓的身上开始搜刮，老百姓本身就并不富裕，因此民怨四起，被逼无奈，各地开始有大批的农民联合起来反抗官府。

一直到汉武帝在位的最后几年，经过了"马邑之谋"的汉武帝，厌倦了征伐，终于把重心都转移到国内来，汉武帝决定停止对外用兵，接受大臣的意见，提倡改良农具和改进耕种的技术，鼓励农民加强生产。这样一来，国内的种种矛盾才开始慢慢平稳下来。

公元前87年，汉武帝病逝。8岁的汉昭帝继位。汉武帝在临终前将辅佐汉昭帝的重任交给了大将军霍光。依照使命，霍光开始辅助汉昭帝，历史上称为"霍光辅政"。和霍光一同接收汉武帝遗诏的还有金日磾、上官桀和桑弘羊。

霍光是谁？他凭借什么成为汉武帝的托孤之臣？没有听过霍光的名字

的人应该很多，但是听过霍去病的人一定不少，霍光就是霍去病同父异母的弟弟。

公元前125年，当时的霍光只有十几岁，霍去病率兵出征匈奴，在路过河东的时候，才和他的父亲相识。

霍去病得胜归京时，为了替霍光将来谋个好前程，于是就把他带在身边回长安了，并且安置在自己帐下担任郎官。后来又升为诸曹侍中，参谋军事。

两年之后，霍去病逝世，霍光成了汉武帝的奉车都尉，享受光禄大夫的待遇，真所谓出则奉车，入侍左右。奉车都尉就是皇帝的近臣，负责保卫汉武帝的安全。

霍光办事谨小慎微，因此汉武帝非常喜欢他，两个人的关系也逐渐变得亲密，于是就有了后续托孤的事件。

8岁的汉昭帝刘弗陵即位以后，霍光担任大司马将军、领尚书事，主持朝政。这就相当于军政的一把手，半只手就可以遮天的人物。但是这时候因为随同辅政的还有车骑将军金日磾、左将军上官桀、御史大夫桑弘羊，四个人共同辅佐汉昭帝。

左将军上官桀是第一个想要和霍光争权的人。他想把年仅6岁的孙女送进宫，嫁给汉昭帝做皇后，但是霍光不同意。后来，靠汉昭帝的姐姐盖长公主的帮助，才让孙女当上皇后。因为这个关系，他被封为安阳侯。他儿子上官安被封为桑乐侯。成了皇亲国戚，不光地位更加显贵，而且有了更多机会接近汉昭帝。

上官桀为了报答盖长公主，听说盖长公主有个情人叫丁外人，就跑到霍光那里为丁外人求封。霍光不徇私情，坦言告诉上官桀："高祖在世的时候，立下的规矩，无功不得封侯。丁外人只是公主一般的下人，没有什么功劳，你没有理由替他求封。"上官桀碰了一鼻子灰，就添油加醋地向盖长公主诉说了一番，盖长公主也因此恨透了霍光。

桑弘羊想要凭借着自己的功劳替自己子弟在朝中谋个官来做，但是霍光没有同意，因此他也非常恼恨霍光。他看到上官桀这一伙人都是皇亲国戚，又有盖长公主做靠山，认为肯定可以斗得过霍光，于是也加入了进来。他们勾结了燕王刘旦，想方设法地陷害霍光。

汉昭帝 14 岁的时候，有一回，霍光去检阅羽林军，把一名校尉调到他的将军府里。上官桀他们认为这是个好机会，假造了一封燕王的信，派一个心腹冒充燕王使者，向汉昭帝告发霍光。那封信的大概意思说大将军霍光检阅羽林军的时候，坐的马车跟皇上坐的一样，还擅自调用校尉。这里面一定有阴谋。我愿意离开自己的封地，回到京城来保卫皇上，以免坏人作乱。

汉昭帝接到那封信之后看了看，将它搁在了一边。

第二天，霍光要进宫朝见。听说燕王刘旦上书告他的消息，吓得他不敢贸然进宫。汉昭帝吩咐内侍召霍光进来。霍光一进去便脱下了帽子，伏在地上请罪。

汉昭帝说："大将军尽管将帽子戴好，这封信是假的，我知道有人想要存心害你。"霍光磕了个头问："陛下是怎么知道的？"

汉昭帝说："很明显，大将军检阅羽林军是在长安附近，调用校尉也是最近的事，一共不到十天。燕王远在北方，怎么可能会知道这些事情。即便是知道了，马上写信，也来不及送往这里。再说，大将军真的要叛乱，也根本用不着靠调一个校尉。这分明是有人想要陷害大将军，燕王的奏章也是假造的。"

霍光和其他的大臣们听了，没有一个不佩服年少的汉昭帝的聪明。

上官桀并没有就此罢休，他们偷偷地商量好，由盖长公主出面请霍光喝酒。他们布置好了埋伏，准备在霍光赴宴的时候就刺死他，又派人通知燕王刘旦，叫他到京师来。上官桀还打算在杀了霍光以后再废去汉昭帝，由他自己做皇帝。没想到有人早就把这个秘密泄露了出去，让霍光知道了。

霍光忙去向汉昭帝报告。汉昭帝命令丞相田千秋速发兵，把上官桀一伙全部抓起来处死。

在霍光操持朝政期间，对内霍光粉碎了燕刺王等人的叛乱，并且持续了汉武帝"与民休息"的政策，经济得以持续恢复，国内慢慢富足起来。对外又和匈奴重新恢复了和亲的关系，这些措施对稳定汉武帝后期以来的动荡不安局势，起到了非常重要的作用。

公元前 74 年，21 岁的汉昭帝病逝。汉昭帝一死，汉朝的政局就变得混乱起来，还好它的政治基础比较稳固，再加上以霍光为首的一些老臣主持，政局在短暂的混乱过后马上恢复了平静。

汉昭帝没有子嗣，谁来继承帝位成了摆在霍光等公卿大臣面前的一个难题。当时汉武帝还有个儿子，那就是被封为广陵王的刘胥。

只不过刘胥比较好色，行事也不检点，汉武帝生前就很不喜欢他。假如让他当皇帝，无异于偌大的江山放在他手上让他败坏。

经过大臣共同商议后，决定从汉武帝的皇孙里面选择。一番激烈的讨论过后，他们将汉武帝的外孙刘贺请了回来，要他来继承皇位。刘贺之前被封为昌邑王。大臣们也都没有见过刘贺，不知道他的为人和品性究竟怎样。一直到刘贺从昌邑到达长安的时候，朝廷当中的这一帮大臣们才纷纷着急了起来。

刘贺究竟是个什么样的人呢？其实刘贺原本就是一个桀骜不驯的纨绔子弟。在汉武帝死的时候，全国都在服丧。但是刘贺却到处玩耍，还去野外狩猎。刘贺的下属们见此情景都纷纷功劝他，但是不管别人怎么苦口婆心地劝说，刘贺依旧是我行我素。可怜那些身处在朝廷当中的大臣们，他们怎么可能会知道刘贺居然是这样的人呢？

刘贺在还没去长安之前，就听说太后和大臣们为了迎接他入京专门派车去接他，不禁喜出望外，于是赶紧收拾准备。尚在进京途中之时，他在心里就已经开始做起了"皇帝梦"，想着做了皇帝之后，该如何过自在逍遥的日子。

刘贺之前的家奴见刘贺就要当皇帝了，就赶紧去巴结讨好刘贺，希望刘贺发达以后，自己也能跟着沾沾光。于是路上就开始不停地打听哪里有漂亮的姑娘。家奴们为刘贺挑选出来的女子多半是被强行拉上车，被选中女子的家人看到这是未来皇帝的车驾，也都不敢阻拦，只能眼睁睁看着自己的女儿被送进了刘贺的车銮。

对于手下的这些举动，刘贺非常满意，一直暗暗高兴这些家奴们真是懂事，不枉跟在他身边那么多年，于是就开始对他们进行赏赐，这个赏给个刺史，那个赏给个将军，这一路被他弄得鸡飞狗跳，百姓怨气连天。

长安城中的那帮老臣们看到这番情况，不禁都傻眼了，心里一个个的都有了不祥的预感。等到了刘贺即位之后，果然没让这帮大臣们白白担心，刘贺的荒淫无道暴露得一览无遗。这让这些老臣们开始叹息，干着急却不知道怎么办好。霍光看到事态严重起来，现在如果不处置，后果将会不堪设想。

没多久，霍光就召集朝廷的一方官员在未央宫里开了个会。想要探讨一下废除刘贺之事。这古往今来，大臣们废皇帝，可真是头一次。

霍光心里还没有底，他不知道如果要废除刘贺，朝中大臣们有多少是支持、有多少是反对的，于是他就先试探着向大臣们开了口。众人都知道这件事关系重大，因此都不敢轻易妄下结论，都纷纷静观其变。

霍光的手下田延年是个非常聪明的人，他看到这种情况，当即拔出剑来，假装呵斥霍光："汉武帝把汉家的天下都托付到了你霍光手中，是因为武帝相信你对汉室的忠心，相信你能够令大汉长久兴盛。可是你呢，你霍光做得对得起武帝对你的信任吗！你把大汉的江山交到一个荒淫无道的庸君手上，这汉家的天下迟早会被你断送！即便你霍光将来死了，你下了地狱，你拿什么颜面去面见武帝？！"

在座的大臣们心里都明白，如果汉室的任刘贺这样的昏君继续败坏下去，那么汉室迟早是要灭亡的。事到如今，倒不如来个顺水推舟，支持霍光废帝，再寻觅其他的圣贤之主来主持朝政。

于是霍光联合起杜延年、杨敞等一帮的大臣，列举了一封关于刘贺种种劣迹的奏章，谨慎地交到了上官太后手中，虽然太后当时只有15岁，但她是个明理的人。于是便联合霍光他们将刘贺召进未央宫的承明殿，将奏章宣读，即日就废掉了刘贺，并且将他放派的官吏全部都没收。至此汉废帝刘贺一共在位27天。

汉废帝刘贺被废之后，即位的便是汉宣帝，汉宣帝是汉武帝和卫子夫的曾孙，名为刘病已，即位之后改名刘询，也是一直在民间生活的戾太子的孙子。霍光将他迎回长安，随即即位。然后将刘贺发回昌邑，过着一生都被监视的日子。

局势分析

霍光虽然权倾天下，但他忠于汉室，对皇权丝毫没有觊觎之心。为了汉室的安定以及中兴，建立了非常大的功勋。

霍光在汉昭帝在位的 13 年，为国家的安定和发展做出了巨大贡献。

汉武帝时期的盐铁官营等经济政策，是在当时征战匈奴和财政空虚的背景下实行的，这些在当时毫无疑问是正确的。只是战争结束之后，盐铁官营等政策逐渐使财富集中在大官僚和大地主的手中。财富太过于集中，导致中小地主的利益完全被剥夺了，上下阶层的利益矛盾也慢慢凸显出来。

假如继续实施这一政策的话，很显然会使国家产生动荡，甚至还会威胁到中央的统治。所以霍光在辅政以后做的第一件事情就是改变盐铁官营等政策，并且和桑弘羊等人展开了斗争，霍光最终胜出。这为汉室的长治久安起到了非常大的作用。

汉昭帝死了以后，确立一个新的皇帝是当时安定全国的需要，但是要确立一个怎样的皇帝，这关系到汉室的生死存亡。因此霍光需要考虑到的问题有很多。刘贺即位以后，汉室就等于一半进入了废墟，因此他宁可承担着擅自废立的恶名，也不愿意令汉家王朝倾覆。这充分表明了他对汉室的忠诚，也表现出他对国家高度负责的态度。

汉武帝在当初选择霍光辅政的决定上是非常正确的，也正是因为霍光拥立了汉宣帝，汉朝才可保持了兴旺的局面。

说点局外事

西汉初期，中央的政府设立了太尉，但是没有设置司马。于是汉武帝刘彻便于建元二年时下令取消太尉一职。到了元狩四年之时便开始设立大司马，但是他用以代替太尉而设置的大司马并没有印绶，只单单是一个受到尊崇的名号，本身并没有军政的实权，其他地位的高低也要依靠着所加的将军地位来体现。

在西汉王朝当中，有资格冠加大司马的有四类将军，那就是大将军、骠骑将军、车骑将军、卫将军。

汉昭帝之后，大司马作为是内朝领袖，在内朝参与政事，主要的任务就是"辅政"。霍光就是大司马大将军。

昭君出塞

在战国时期，长江三峡的秭归还是属于楚国的地方，这里风景怡人，好似如诗如画一般梦幻，湍急的江水从这里流过，带来了诗人屈原的哀思。陡峭的山崖，巍峨的山隘，一阵风吹过，一首首美妙的赞歌在耳畔响起。公元前54年，王昭君在这里出生了。

当时汉朝正处于非常鼎盛的气候，但是上天并不眷顾王昭君，将她诞生在一个普通家庭当中，家里比较贫穷，也没有什么背景。虽说他们家的祖上也都是书香门第，但是到了王昭君这一代早就没落了。

王昭君有一个哥哥、一个弟弟，他们家住在一个比较偏山的地方，所以可以种植的农作物比较少。为了生活，王昭君的父亲常常给溯江而上船只去拉纤，赚到的钱，勉强顾得上温饱。

生活虽然过得比较贫苦，但是昭君的一家人生活得其乐融融，这也算是上天给予她的安慰吧。因为昭君的父亲一直都记得自己家曾经是受人尊敬的书香门第，所以一家人一直都保持先人的传统——读书练字。

家里所有的重活都由王昭君的哥哥王新、弟弟王飒两个男子汉所承包了，也基本上用不着王昭君插手。她平时便跟着母亲学习女红，有时候父亲也会督促她读书练字。

古人常言"女子无才就是德"，虽然王昭君生在一个穷乡僻壤中，但是因为平时她经常读书的原因，所以身上颇有种大家闺秀的味道。

正值妙龄的王昭君被选进皇宫参选嫔妃，但是命运并非像想象的那么顺，当时全国各地被选入宫的美女数以千计，皇帝自然是没有办法一一过目，因此会先让画工将肖像给画出来，然后再呈奉御览。那些京城有亲友支援或者出身富贵的女子，自然是通过各种渠道贿赂画工，让画工将自己画得漂亮一点。只有王昭君的家境比较贫寒，无法送出贵重的礼物。

当时为这些佳丽们画像的画工，叫作毛延寿。他看到唯独王昭君没有给自己送礼物，于是心里非常不爽，就在画像的时候下绊子，不仅将王昭君画得平庸异常，另外还在面颊上点了一颗丧夫的落泪痣。等到汉元帝看到王昭君的画像时，意兴阑珊，兴致全无。

时光穿梭如水，转眼间王昭君已经入宫五年了，但是她依然是待诏宫女。王昭君看着自己如花一样的年华岁月，一寸寸地消逝在似海深的宫中。每当午夜梦回，难免倍感落寂和凄凉。不知道这样的日子到什么时候才是个头，自己真的就要老死在这宫墙内了吗。

花开花落，落叶纷飞，秋虫哀鸣，皑皑大雪，北风拂面，细雨垂眼。想起那家乡日夜湍急不休的长江水，还有那孤山之间，自家的茅草屋，袅袅思绪不可遏制地在心头涌起，游荡环绕，不愿意离去。她拿起琵琶，边弹边哼，唱不尽的是乡愁。

王昭君非常有名的《五更哀怨曲》。词曲之间幽怨感伤，凄冷彷徨，混合着浓浓的思乡之情，又带着一点点未明的希冀情肠。

一更里，最心伤，爹娘爱我如珍宝，在家和乐世难寻；如今样样有，珍珠绮罗新，羊羔美酒享不尽，忆起家园泪满襟。

二更里，细思量，忍抛亲思三千里，爹娘年迈靠何人？宫中无音讯，日夜想昭君，朝思暮想心不定，只望进京见朝廷。

三更里，夜半天，黄昏月夜苦忧煎，帐底孤单不成眠；相思情无已，薄命断姻缘，春夏秋冬人虚度，痴心一片亦堪怜。

四更里，苦难当，凄凄惨惨泪汪汪，妾身命苦人断肠；可恨毛延寿，画笔欺君王，未蒙召幸作凤凰，冷落宫中受凄凉。

五更里，梦难成，深宫内院冷清清，良宵一夜虚抛掷；父母空想女，女亦倍思亲，命里如此可奈何，自叹人生皆有定。

就在王昭君感叹着梦难成，命里如此可奈何，自叹人生皆有定的时候，却不知道命运总是在"有定"当中包含着"无定"，她的命运已经从"有定"当中，转向了另外一条宽阔的道路。

汉宣帝在位期间，是汉朝经济比较繁盛的一个时期。在那时候，匈奴因为贵族互相争夺权力，势力也随即逐渐衰落，后来，匈奴关系发生分裂，内部矛盾不断加剧，五个单于各自为王，互相之间战争不断，死伤无数。

其中，有一个叫呼韩邪的单于，因为被哥哥郅支打败了，死伤了很多人。为了壮大自己的队伍，恢复经济，让自己的领域中的百姓生活更加安逸，在与大臣们商议之后决定停止战争，前往汉境拜见汉宣帝，和汉朝结下百年之好。

因为呼韩邪单于是第一个主动到中原来朝见的，所以汉宣帝像是招待贵宾一样招待了他。为了充分地表达汉朝的诚意，汉宣帝还决定亲自到长安城外去迎接呼韩邪单于，并为他举行了隆重的宴会。呼韩邪单于的到来，促进了中原和西域的友好交流和文化的发展，为两地经济的繁荣带来了新的希望。

呼韩邪单于在长安住了一个多月，每天伴汉宣帝左右，和汉宣帝谈天说地，互相学习，迟迟不愿离开。后来，他希望汉宣帝可以帮助他回去。汉宣帝很爽快地答应了，他派了两员大将带领一万名骑兵平安地护送他到了漠南。在这个时期，匈奴百姓正承受着饥饿的煎熬，汉朝还送去了三万四千斛（古时候十斗为一斛）粮食，帮助匈奴渡过难关，呼韩邪单于感激万分，更加坚定了与汉朝友好相处的决心。

西域各国的单于听到匈奴已经和汉朝和好了，而且还得到了汉朝的友好招待和帮助，也都争先恐后地要来中原朝见汉宣帝，与汉朝建立友好关系。汉宣帝死后，汉元帝继承大统。没过几年，匈奴的郅支单于贸然侵犯西域其他的国家，在战乱中杀了汉朝派去的使者。汉元帝大怒，派兵征讨郅支单于，一直打到康居，最终打败了郅支单于，并且将郅支单于杀了。

郅支单于死后，呼韩邪单于的地位就更加稳定了。公元前33年的时候，呼韩邪单于再一次来到长安，并要求同汉朝和亲，结下百年之好。汉元帝欣然答应了。

以前，汉朝和匈奴和亲，都要挑选一个公主或者宗室的女儿，因为以前的一些和亲的公主嫁给单于后不仅饱受思念亲人的痛苦，再加上两地的气候环境的差异，遭受着身心痛苦。汉元帝不想自己的亲人再受苦难，这一次，他毅然决定要挑个宫女给他，随即他便派人到后宫去传话：

"如果有谁自愿嫁与呼韩邪单于，皇上就会把她当成公主一样看待。"

后宫的许多宫女都是从民间选进来的，她们自从进了皇宫，就像是鸟儿被关进笼里一样，都巴巴地盼望着有一天能够把她们放出宫去，还给她们自由。但是一听说要远离本国到西域去，却又都不愿意了。

有个宫女站了出来，她称自己为王嫱，也叫昭君，生得美丽极了，又很聪明伶俐，见多识广。在众多的宫女中，昭君可谓是鹤立鸡群，清新脱俗，气质、身材、样貌、才情都是出类拔萃的。她不甘心一辈子只做一名小宫女，为了追求自己的终身幸福，她毅然报名，声称自愿到西域与单于和亲。

当呼韩邪单于带王昭君来向汉元帝谢恩时，汉元帝见到昭君如此貌美又有才情，很想把王昭君留下来，可是已经晚了，想要后悔已经来不及了。

王昭君在汉军和匈奴军的护送下，风风光光地离开了长安，虽然有很多不舍，但却无半点后悔之意。她千里迢迢地来到了匈奴，呼韩邪单于封她做了阏氏。日子慢慢过去了，她也渐渐地习惯了这里的生活，而且她和匈奴人相处得也很好。昭君贤良淑德，待人宽容，温柔大方。匈奴人都非常喜欢她，尊敬她。

昭君出塞是汉、匈双方由战争转向和平的政策产物，两国在此后的五六十年没有发生互相仇杀的战争。因此，无论是汉朝还是匈奴，都非常重视这次和亲。昭君出塞，为汉、匈两族的和平友好播下了种子，并搭起了一座文化的桥梁，让汉、匈两族的经济和文化有了前所未有的繁荣和发展。在她死后，她的女儿须卜居次云，女婿须卜当，仍秉承着她的生平之志，继续为汉、匈两族的和平友好关系而努力奔走着。而昭君出塞的故事一直流传至今。

王昭君离开长安之后没有多长时间，汉元帝就死了，他的儿子刘骜继承大统，也就是汉成帝。汉成帝依然和匈奴保持着友好往来。

局势分析

王莽执政以后，由于采取对匈奴的错误政策，比如贬改"匈奴单于印"为"匈奴单于章"，拟大部分匈奴为十五单于及妄斩匈奴侍子登等等，造成了汉匈关系的紧张。

到公元11年以后，匈奴单于便发左右部兵马侵扰北方地区，王莽也动员三十万众准备反击。双方剑拔弩张，战争一触即发。这时候昭君的女儿须卜居次云、女婿须卜当二人便挺身而出，设法弥合。

公元13年，乌珠留单于死去，云、当二人想要和汉和亲，又素与咸友好，故越舆而立咸为乌累若鞮单于，舆与咸俱是乌珠留的弟弟。乌累既立，云、当遂劝他与汉和亲。

公元 14 年，云、当派人到西河塞去求见和亲侯王歙。王莽因命歙及歙弟
讽使匈奴，贺单于初立，并赐黄金、衣被、缯帛。

在云、当的居中斡旋及单于的努力下，汉、匈的关系呈现出了一线光明。
但是因为"其后莽复欺诈单于，和亲遂绝"。云、当对汉匈关系的弥合虽然
没有成功，但是也尽了最大的努力。

说点局外事

王昭君是古代著名的美女，人们大多都用"沉鱼落雁和闭月羞花"来形
容美女，其中的"落雁"一词就是指的王昭君。汉元帝在位期间，边界战事
频繁发生，为了安抚北匈奴，汉元帝继续和亲政策，选王昭君嫁给匈奴单于，
以保和平。

于是，王昭君在一个秋高气爽的清晨，告别了故土，开始自己远嫁到塞
外的征途。一路上马嘶雁鸣，一点一点地撕裂她的肝肠，使她心绪难平。在
坐骑上，王昭君轻轻拨动琴弦，弹奏起了悲壮的离别之曲。南飞的大雁听到
这般悦耳的琴声，看到这个美丽的女子，竟然忘记了摆动翅膀。于是纷纷跌
落在地，王昭君因此得到了"落雁"之名。

历史上唯一的民选皇帝

辉煌的汉武帝时期过后，原本强盛的天朝逐渐向着衰败发展。各种主观
的或客观的原因也都开始不断地涌现。然而，汉室之中也没有出现一名中兴
之主，所以，这个庞大的国家坠入了无法避免的腐朽深渊。

大将军王凤是王莽的伯父。公元前 24 年，王凤病重了，王莽在其身边照
顾，亲自煎药尝药，一个人忙得团团转，甚至连续几个月忙得几乎没有时间
梳头洗脸，经常穿着衣服就睡着了。他的这种赤诚之心感动了大将军王凤。

王凤在临终前请求皇太后和汉成帝提拔王莽，太后和汉成帝答应了，王
莽的一番苦心，总算是没有白费。

没过多久，王莽就当上了黄门郎。官品虽然很低，但这是皇上身边的官职，升迁的机会很多。果然，没过多长时间汉成帝就升王莽做了射声校尉，品秩二千石，相当于一个地方郡守，官职已经非常高了。此时的王莽才24岁，可谓是前途无量。

后来，王莽的贤德被广泛传诵。当时很多有名望的人，比如长乐宫少府戴崇、侍中金涉、胡骑校尉箕闳、上谷郡都尉阳并和中郎陈汤，都极力赞扬王莽的人品。他的叔父成都侯王商也上书，表示愿意分出自己的封地赐予王莽。如此一来，皇上也认为王莽是一个贤德之人。永始元年（公元前16年），汉成帝册封王莽为新都侯，侯国建在南阳郡新野县的都乡，食邑一千五百户。不久，又封王莽为骑都尉光禄大夫侍中。其中，骑都尉表明官职是武官，而"光禄大夫"可以参与朝政大事，另外，"侍中"也表明他的权势更重，因为侍中可以侍奉在皇上的身边。

王莽封侯之后不久又被提拔做了骑都尉兼光禄大夫加侍中，在宫廷中值宿，做事谨慎小心。为了进一步将自己塑造成为谦虚谨慎、礼贤下士的贤士，他把车马和轻暖的衣物分散给需要救济的穷苦的宾客们，导致家中一无所有。他接纳和供养了很多知名人士，结交了将军、丞相、卿大夫。因此，朝廷的一些权臣高官都很喜欢他，纷纷举荐他；社会上的知名人士也纷纷鼓吹他的贤名。就这样，王莽的名声大震，在朝野和社会各个阶层中很受欢迎，名声之大远远超过了他的伯父、叔父们。

树立名望之后，王莽又开始着手除掉他在政治上的劲敌淳于长。当初，淳于长为了自己的前途，极力说服太后，将汉成帝宠爱的妃子赵飞燕立为皇后。这让汉成帝对于淳于长感恩戴德，很快就封他做了关内侯，之后又封他为定陵侯。

这个淳于长虽然诡计多端，但是却没有什么大谋略，得志之后有一点飘飘然，不知道"螳螂捕蝉，黄雀在后"，王莽正在等着抓他的小辫子。大权在握的淳于长由于骄纵过度，还和被废除的许皇后的姐姐许嫭私通，后来纳其为妾。淳于长为了讨许皇后的欢心，向汉成帝说情，让汉成帝又将许皇后封为婕妤。但是淳于长胆大包天，竟然调戏许皇后。

为了扫清仕途上的障碍，王莽开始秘密搜罗淳于长的罪证。后来，经由大司马曲阳侯王根向汉成帝禀告他的情况，淳于长终于伏法，而王莽却因此得到了正臣的好名声。王根请求退休，并且极力推荐王莽接替自己的职位，皇上于是提拔王莽当上了大司马。这一年是绥和元年（公元前8年），年方38岁的王莽已经从同辈中脱颖而出，和他的四个伯父、叔父一同辅佐皇上。

在担任大司马之后，王莽越发地谦恭、谨慎。他将皇上的赏赐与封邑的收入全部用来救济那些穷苦的人们，自己却过着俭朴的生活。有一回，王莽的母亲患上重病，朝廷中的大小官员纷纷遣来自己的夫人探询病情。王莽的妻子出来迎接她们，衣衫没有着地，系着麻布围裙。人们还以为她是王家的奴仆，经过打听才知道是王莽的夫人，人们都十分诧异。

王莽刚刚担任大司马一年多，汉成帝就驾崩了，汉哀帝继承大统，尊称皇太后为太皇太后。此时，王太后希望王莽回家，并且将手中的大权交由汉哀帝。王莽于是向皇上上书请求退休。汉哀帝刚刚即位，朝廷中的大小事务还要依靠王莽，于是竭力协调好太后与王莽之间的矛盾。一方面，遣尚书令告谕王莽："先皇在临终前已经将朝中的政务托付给了您，我可以侍奉宗庙，身心希望可以与您同心同德。"汉哀帝还表示，若是王莽不出来辅政，他将十分伤心难过，因为那样就相当于违背了先皇的旨意。另一方面，汉哀帝又派遣丞相孔光、大司空何武、左将军师丹、卫尉傅喜前去游说王太后，说是皇上听到太后的命令之后伤心不已，如果大司马不出来辅政的话，皇帝就不敢处理朝政了。王太后考虑再三，只好勉强答应让王莽重新到任。

真是一波未平、一波又起，王莽不久又遭到了太后的嫉妒，遭遇了政治上的又一次打击和挫折。这场风波的直接起因是太后加封尊号的事情。当时，汉哀帝的祖母傅太后与母亲丁姬在世，高昌侯董宏为了博得丁姬的欢心，上书说母亲应该因为儿子的继位而拥有富贵荣华，建议给丁姬加封尊号。王莽与师丹则坚决反对，认为董宏是在违反礼制。这件事情自然让太后十分不高兴。后来又有一次，未央宫中举行宴会，内侍给太后设置了帷帐，端坐在太皇太后的身边。王莽见到之后，认为有违礼制，于是指责内侍说："定陶国傅太后是藩王的太后，原本是汉元帝的姬妾，怎么可以与地位尊贵的人坐到一起！"内侍只好撤除帷帐，改设座位。这件事情让太后感觉受到了奇耻大辱，怒火中烧，自然十分痛恨王莽。因为得罪了两位太后，王莽深知在朝廷中再无立足之地，于是就上疏辞官回家。这一次，即使汉哀帝有心想要保护王莽，也是爱莫能助了。为了表示惋惜之意，汉哀帝特意赏赐了王莽五百两黄金，并增加了他的食邑。王莽就这样成了闲人。

两年之后，傅太后与丁姬都如愿以偿地得到了自己想要的封号。此时，丞相朱博借机出来要求撤去王莽的封地和爵位，降王莽为平民，以此来明正典刑。这时，皇上以王莽是太皇太后的亲戚为由再次保全了他，但还是命令王莽远离京城，回到自己的封国去了，这一去就是三年。

王莽离开京城在自己的封国一待就是三年的时间，因为朝中的很多官吏都为其申冤辩解，皇上又召回了他。不久，他便迎来了东山再起的机会。王莽返回长安才一年多时，汉哀帝去世，因为汉哀帝没有子嗣，而且傅太后与丁太后都在汉哀帝之前去世了。皇帝离世的那一天，太皇太后前往未央宫收取了玺绶，并且遣派使者火速将王莽召回。太皇太后下令朝中所有的军队以及大小政务全都由王莽统一指挥管辖。如此一来，王莽就等于独揽了大权。为了强化自己的权势，巩固地位，王莽想尽一切办法除去当朝大权在握的大司马董贤。他向王太后禀告说："大司马高安侯董贤尚且年轻，这一点不符合大家的心意，应当收缴印信。"董贤在当日就自杀了。

于是，王莽就接任了大司马的职权。接下来，王莽联合王太后开始商讨王位的继承人问题。王莽建议让自己的堂弟安阳侯王舜出任车骑将军，派遣他前去迎接中山王继承帝位，作为汉成帝的后代，即为孝平帝。孝平帝年纪尚小，刚满9岁，王太后临朝代掌政权，她将政务全部委托给王莽。之后，王莽大肆排除异己，培植亲信，权力日盛。

前将军何武与左将军公孙禄被革职，丁家、傅家与董贤的亲属也都纷纷被免除爵位和官位，被流放到偏远的地区。接下来，王莽要铲除掉的最大的眼中钉莫过于红阳侯王立了。王立是王太后的亲弟弟，虽然没有在朝中担任一官半职，但是他却因为他是自己的叔父而心存芥蒂，常常担心他会私下劝说王太后，从而让自己不可再任意妄为。于是就让孔光在朝廷陈述王立原来的两桩丑闻：其一，王立早就知道定陵侯淳于长犯了大逆不道的罪，还接受他的贿赂，帮他掩护，迷惑朝廷；其二，王立曾经建议让官奴杨寄的私生子做皇太子。孔光以此为由，上书皇上让王立回到自己的封国。可是，王太后却并不听从。后来，王莽假托关心汉王朝的命运和前途为借口进一步劝说王太后："现在汉朝逐渐衰落，接连几代都没有继承人，太后一个人代替幼主把持朝政，简直是太可怕了，即便以公正的态度做出表率，还担心人们不服从。若是因为私人的恩怨而不听大臣的忠告，那么群臣就会滋长偏私奸邪，祸乱将会由此产生。应该让他回到封国去，等到战乱平息了再调他回来。"听了这样的话，王太后无奈，只好让王立回到自己的封国。就这样，王莽巧妙地清理了自己政权道路上的最大障碍。

局势分析

王莽一步步走来，小心谨慎，终于扫清仕途的障碍，成为大司马。他孝敬长辈，广交朋友，礼贤下士，被认为是贤良之人。而后王莽青云直上，直到当上了皇帝，他也没有骄傲，而是更加谦虚谨慎。

西汉末年不得不提的一个名字，便是王莽，他悄无声息地走上了历史的政治舞台，之后再悄无声息地篡夺了汉室的天下。并且经他之手，西汉两百多年的统治最终结束。

说点局外事

王莽刚当上大司马的时候，全国处于民怨沸腾的时期。他的再次复出，得到了老百姓的热烈欢呼，百姓们都觉得王莽是汉朝振兴的希望。也正是这一年，王政君封王莽为安汉公，总理了国政。

在公元 2 年，全国发生了大面积的旱蝗之灾，这对于处在苦难当中的老百姓来说，无疑是雪上加霜。王莽知道后，即刻带头捐了一百万钱、地三十顷，用以救助穷人，开创了我国古代"慈善事业"的先河。

有了这个表率，两百多个贵族随即跟进，捐出了大批的土地和粮食来救济灾民。但是对于偌大的国家来说，这些捐助毫无疑问只是杯水车薪，治标不治本。于是，王莽便想到了一个办法，他下令全国民众捕捉蝗虫，按数量的多少来付钱，务必将蝗灾的损害降到最低。然后出台一项政策：全国无灾地区凡财产不满两万钱、受灾地区但凡财产不满一万钱的贫民，免交租税。这项政策，无疑给天下穷苦百姓一缕希望的光芒，而他们也无不对王莽感激涕零。

西汉灭亡的原因

汉成帝的这一生都没有子嗣，在历史上，这始终是一大迷案。其实在很早的时候，许皇后曾经给汉成帝产下过一个儿子和一个女儿，但是很可惜，还没有成年就已经夭折了。从那以后，汉成帝无子，就成了皇家最为头疼的一件事。

在汉成帝去世之后，王氏的外戚为了掌握政权，开始无中生有，他们试图控告赵飞燕姐妹凭借着美色把汉成帝掏空了，并且残忍地杀害了汉成帝还未成年的子女，因此导致了汉成帝没有子嗣。

很明显，这些说辞带有强烈的利益诉求，王氏的外戚着急清除赵氏外戚在朝廷当中的残余势力，所以就将矛头指向了赵飞燕姐妹。

汉成帝似乎很早就意识到自己不会再有子嗣，所以他在位没多久，便开始考虑接班人的事情，定陶恭王是汉成帝的亲兄弟，因此汉成帝想要把皇位传给定陶恭王。他将定陶恭王接到自己身边。其实，在汉成帝没有坐上皇位以前，定陶恭王刘康差一点就取代了汉成帝的太子之位。

汉成帝和太后王政君能够不计前嫌，这也说明汉成帝的不育之症已经十分严重了。

对于王政君的哥哥王凤来讲，将定陶恭王留在京城里，影响自己的政治利益。毕竟刘康年长，汉成帝也体弱多病。假如这刘康成了继承人，那么王凤的政治势力一定会毁于一旦的。早年王凤协助汉成帝击碎了刘康的皇储梦，相互之间怕是早已经结下了深深的仇恨。

此时，王凤最头疼的事情就是该怎么逼迫汉成帝放弃让刘康做皇位继承人的想法。在汉成帝患病的时候，王凤一想到前往汉成帝床榻前悉心侍奉的刘康就心惊胆战。

也许是天意吧，机会还真的来了，王凤在日食发生以后就马上上书说：

日食是非常异样的现象。定陶恭王虽然是亲兄弟，但是按照礼节他应当在藩国，而今却留在京师，这恐怕不太恰当，因此老天以日食警告。应马上将定陶恭王遣回藩国。

在强大的新儒家政治的游戏规则下，汉成帝丧失了反抗的能力。他不得不认可王凤的说法，不得不将刘康遣送出京城。二人分别的时候，相对而泣。

但让王凤没想到的是，自己也遇到了麻烦——敢于挑战他的人。

挑战王凤的正是京兆尹王章。虽然王章也是王凤举荐的，但是他并没有把自己看作是王凤的人。针对王凤认为日食的发生是因为定陶恭王刘康没有离开长安这一说法，王章提出完全相反的看法：

首先，按照"天人感应"理论，做善事，降福瑞；干坏事，降灾异。陛下没有子嗣，亲近定陶恭王，这是以社稷为重的明智之举，上苍应当降下祥瑞，怎么可能降下灾祸呢？

其次，日食在"天人感应"的说法当中，对应的是大臣、外戚等越权专政，现如今大将军王凤将日食的罪过推给定陶王，想让陛下孤立在上，以便于他们在下面干不好的勾当。显然，这次日食，实际上针对的正是专权自肥的王凤等王氏外戚。

最后，王凤之前针对左将军王商等忠臣搞了一系列的阴谋陷害。王章呼吁汉成帝将王凤从国家决策层当中踢出去。

王章是王凤一手提拔的，他的"倒戈一击"深刻反映出来的，其实是西汉早期儒家知识分子们的独立政治人格。这一个拥有独立政治人格的儒家知识分子群体，自从西汉元帝年间形成以后，就一直没有再消失过，他们不是有组织的什么团体，这些人的存在，实际上是一种文化的存在。这种文化，在数千年的中国封建王朝的更迭当中，起到了政治润滑剂的作用。正是这种文化，使得封建时期的中国免于成为一个单纯的独裁君主制国家。这种积极的作用，一直持续到明末清初。

汉成帝的优柔寡断和后宫太后王政君的干预，使得王章罢免王凤的提案成了泡影。王章结局也在之后的某场政治斗争当中以悲剧告终。

"天人感应"是当时社会文化的一大特点。

而另一个特点，直接关系到西汉王朝的最终灭亡。

王氏外戚普遍注重招贤纳士，尤其是在结交有社会影响力的知名儒家知识分子方面不遗余力，如王商可以做到在雨中站在窄巷等待楼护；再比如楼护之母去世，王氏五侯前往送葬之车竟达两三千辆。

王氏的宾客游侠色彩淡化，但是儒家的知识分子色彩比较重。王氏招贤纳士的行为，很明显是在顺应儒家政治文化占据主导地位的新时代。

王莽功勋卓著，又是太后的至亲，有大臣为他请功，被封为安汉公。成为安汉公后，王莽已经独揽朝廷大权。为了使自己地位更加牢固，他就上书太后为皇帝选后选妃。他一步步策划，把自己的女儿捧上皇后的宝座。为了防止其他的外戚与自己争权夺位，王莽决定抑制汉平帝母亲卫氏的势力。他的儿子王宇对父亲独断专权的行为看不下去了，联合老师吴章和妻子吕氏家族想要劝阻王莽。王莽发现儿子对自己不忠，严厉地惩罚了他，最后毒死了自己的亲生儿子。太后和众多大臣对王莽大义灭亲的做法表示赞赏。借此机会，王莽大力清除异己。受到牵连的人数以百计，朝廷上下为之震动，再也没有人敢于反对王莽了。

汉平帝去世之后，没有留下子嗣，但是他有很多成年的兄弟，都有资格继承皇位。王莽不想他们任何人继承皇位，所以选了汉宣帝的玄孙刘婴当太子。王莽一手遮天，渐渐在众人面前也不避讳表现出他想当皇帝的想法。王莽成为摄政王之后，穿上天子的龙袍，接受百官的跪拜，已经和皇帝没什么区别了。

公元8年，王莽终于建立新朝。

王莽称帝之后，社会动乱。他名不正，言不顺，面临着深刻的统治危机，阶级矛盾激化。为了维护"新"朝统治，他只好对外宣布改制，希望能够化解危机，得到百姓的认可。但是他制定的改制政策却进一步加剧了百姓的负担，将他们推入水深火热之中。民间讨伐他的呼声越来越高。

为了真正统一天下，王莽派人出使匈奴要回汉朝赐给匈奴的印玺。单于非常不满，盛怒之下攻打新朝。王莽四处征兵，军队的纪律松散，战斗力薄弱，被匈奴打得落花流水。北方还没有安定，内部矛盾又纷纷出现。

亲信对他不满，儿孙与他不和，后来他谁也不信任了，每次外出都要对京城进行大搜查，引得朝廷上下人人自危。他也因此迅速失去人心。

农民起义的势力也越来越大。其中，有两支队伍——绿林和赤眉最为有名。地皇四年，即公元23年，绿林军的数量已达到十万人，他们的旗号是反新复汉，拥护汉室的后裔刘玄为帝，年号更始。更始帝刘玄派他的大将王凤、王常、刘秀进攻昆阳等地。昆阳一战，刘秀表现出了非凡的勇气。他说服众人，誓死拼杀，打败了王莽的军队。各地人民受到鼓舞，纷纷起义响应汉军，新朝的灭亡指日可待。

西汉末年，社会局势已经动荡不安，王莽在这乱世之中夺权，统治根基不稳，百姓的容忍力已经到达一个临界点。王莽制定了各种措施来挽救自己的命运，但是都没能扭转局面。而他所谓的救亡措施却让后人当成了笑话，一代代流传下来。

面对内忧外患，王莽心里很害怕。这时有人告诉他，远古的黄帝建了一个华盖，最后黄帝就成了仙。王莽听了之后，不假思索，赶紧命令手下建造一个九重的华盖，高度达八丈一尺。他把这当成了成仙的车。当他外出时，拉车的人就多达300人。他命令几个人在车上不停击鼓，边拉边喊："登仙！登仙！"而他则一本正经地站在车上，场景滑稽可笑。还有人向他献计说：古代的人遇到国家大难时，就向上天哭诉，以求上天前来解救。于是，王莽就率领众大臣们来到郊外，抬头对着天空喊道："苍天！你已经承认我是真命天子，将这天下赐予我，但是为什么要考验我？替我把这些反贼消灭掉吧！如果我犯了大错，请用雷电劈死我吧！"王莽痛哭不止，急火攻心，竟然哭昏了过去。为了表达诚意，王莽命令太学生和百姓们早晚各到郊外哭一次。为了让大家哭得悲痛，他以郎官的职位激励他们。这样一来，为了当官的人哭得声嘶力竭。只有短短几天时间，就有5000人被封为郎官。

刘玄称帝之后，王莽受到了严重的打击。这个坏消息实在是太影响他的心情了，为了去去晦气，王莽特意举行了全国瞩目的婚礼。他已经衰老了，身体状况远不如从前，为了让大家认为他仍然年轻，他特意把胡子染成黑色。但是他的败亡已经命中注定。

更始元年（公元23年）六月，昆阳交战，王莽的43万军队几乎全军覆没。起义军势如破竹，乘胜追击，直捣长安。十月一日，起义军攻破长安的宣平门，胜利占领长安。

局势分析

西汉自从汉宣帝以后，历任统治者都比较懦弱，政治也很腐败，社会矛盾激化得更厉害。尤其是在汉成帝时期，土地兼并比较严重，大量的农民都失去了土地。有的成为豪强地主家的奴婢，更多的是走向社会成为流民。而自古流民都是国家政权的一个巨大威胁。流民主要是来源于农民，但是并不能和农民画等号。

在王莽专权时期，他对社会上的矛盾也没有觉察，所以他的很多政策都脱离的现实，反而是加重了当时的社会矛盾。而改制更使得民不聊生。

说点局外事

王莽死后，民间流传着一个传说：当初汉高祖刘邦遇到一条蛇，当他抽剑要把这条拦路蛇斩杀的时候，蛇开口说话了，蛇说："你有帝王相，能够开创一个新王朝。"刘邦听了很高兴，本来想放掉这条蛇的，但是蛇要和他作对，并表示：如果刘邦斩掉它的头，它就出现在朝代的初期捣乱；如果斩掉它的尾巴，它就出现在朝代的后期，把国家搅得天翻地覆。结果刘邦没有听蛇的，而是将蛇拦腰斩断。所以，西汉和东汉的中间就出现了王莽"新"朝，"新"朝一共持续了15年。人们说王莽就是这条蛇的转世，是专门为了给汉朝捣乱而来的。而王莽的"莽"和蟒蛇的"蟒"同音。当然了这只是个民间故事。

第五章 东汉王朝

外戚摄政，王莽夺权

公元8年，已是大司马的王莽借着"顺应天命"的旗号，在未央宫昭告天下，宣布即位。从这刻起，西汉就灭亡了，王莽当权的新朝正式走上历史的舞台。

王莽是怎样从一个孤儿变成西汉的当权者呢？说起王莽，我们可能会想到一个人，那就是秦二世身边的赵高。赵高本来是一个太监，但凭着溜须拍马、趋炎附势，成了秦二世的宰相。得势后，他野心膨胀，将秦二世变成了一个只知玩乐享受、不问朝政的昏君，这直接导致了秦朝的灭亡。王莽虽然不是赵高，王太后也不是秦二世。虽然他们的经历有些相似，但还有一个王太后。皇帝虽小，但有见过大世面的王太后掌权。这时，王莽要想采用赵高那一套小伎俩是行不通的，所以他就从身边的大臣下手。要使那么多的大臣臣服也不是件容易的事，需要智慧、耐心和韧劲等，事实证明王莽是有这些品质的。

王莽身世可怜，父亲和哥哥死得早，但小时候深得王太后的喜爱，王太后将他带在身边照看。幼时的王莽，非常懂礼貌和孝顺。有一次，他的叔父王凤病了，他就日夜守候在身边，端茶倒水，王凤病好了，他却累得身体消瘦。

在他的同辈兄弟们都沉浸在家族昌盛带来的声色犬马中时，他却苦读经书，拜沛郡人陈参为师，潜心好学，在儒学的修养上达到了较高的水平，而且对《礼经》下了一番功夫，正因为如此，他与当时的许多儒生建立了良好的关系，这使他后来做皇帝之后，儒生成了他的一支重要的拥戴力量。他以君子的形象博得了大臣们的一致好评，再加上王太后的扶持，王莽的仕途一帆风顺，他一下成了朝中很有名气的人物。

王莽的名气看似仰仗王太后，其实不然，他自有过人之处。有关史料记载，他小时候熟读兵法，军事计谋达到高超的地步。从他38岁就能当上大司马，就可看出其能力不一般。另外，从他做的许多事也都可以看出他是个颇有头脑的人，在此就不一一列举了。会做事，自然使皇太后和皇帝都比较器重他，大臣们也把他作为崇拜的对象。久而久之，他就为自己将来篡位打下了坚实的基础。

苦心经营了多年，王莽感觉时机到了，就暗示心腹大臣向皇帝呈书美言了自己一番，以求加官晋爵。王太后知道这件事后，立马召集大臣商议。王莽在恰当的时机又故意推辞，众人认为他谦逊有礼，纷纷同意对他的封赏。王太后无奈，封了一些人，又封王莽。王莽接受了官职，却又假意地拒绝封地，建议把封地给其他有功的人。这一炒作，让王莽瞬间名声大震，所有的人都感觉他非常好。

就这样，王莽离自己的目标更近了一步。他又采取一系列手段，使王太后放心地把权利都交到他手上。至此，王莽成了有实无名的皇帝。他利用职权，将不服他的人都拉下了马。同时，又很注重笼络民心，在政期间做了不少好事，为自己谋取了好名声。

瘟疫期间，王莽还下令让灾区的当地政府腾出大房子给病人医治。一家死六人以上的，国家给葬钱五千；死四人以上的给三千；死两人以上的给两千。

自秦统一六国开始到西汉为止，这样宽厚的政策显得独树一帜。

王莽处处为百姓们着想，但归根结底还是为给自己以后登基铺路。他废去皇室空置的呼池苑，改设为安民县，让那些流民去居住。在流民去的路途中，还为他们提供饮食。到达之后，官府供给或租借种田所需的田宅器具，耕牛、种子等。之后，王莽又下令在长安城中投资建设两百多个廉租房小区，供贫民居住。

当时由于动荡不安的局势和灾情不断，许多学子迫于生计不得不放弃读书。王莽知道后，便扩大太学招生，让学子们有机会进入高等学府学习，并下令各地方政府兴建学堂，让更多的孩子能够学到知识。

王莽还大抓形态建设，按照《周礼》上的要求，下令对老人、儿童不加刑罚，妇女非重罪不得逮捕。一时之间，社会风气得到了很大的改善。

汉平帝12岁时，百官决定为汉平帝娶妻。长安的百姓知道后，纷纷涌向当地官府门口，请求汉平帝娶王莽的女儿，以王莽的女儿为皇后，可见当时王莽的一系列措施已深入人心，得到了百姓们的拥戴。

百姓们这么支持，别的女子自然就丧失了竞争力，王莽的女儿顺利被选为皇后。

汉平帝因为娶了王莽的女儿，所以赏赐给王莽两万五千六百顷土地，王莽没有要。汉平帝给的聘礼有两亿钱，但王莽只接受了六千三百万，其中四千三百万用来救济刘氏家族中没落的族人，剩下的钱则大部分给了太后王政君。

王莽的做法让朝中上下的人都很佩服。一些百姓听到他不接受新田的事后，全体上书恳请王莽接受封地，朝廷收到的书信达四十八万七千五百七十二封，可见王莽是多么受人爱戴。

但王莽最终却辜负了臣民们的期望，位置的不同让他变得残忍、独断。

随着时间的推移，王莽的名声越来越响，对治国也越来越熟练，对皇位的渴望亦越来越强烈。此时的汉平帝已经到了可以管事的年龄，而王莽也达到了除了太后和皇上，无人能及的地位。为了霸占权位，王莽变得残忍，他下药毒死了自己的女婿汉平帝，使自己的女儿守了寡。之后，刘显的玄孙刘婴当了皇太子，王莽成了摄皇帝。此时的王莽篡位拥权的心已经很明显了。刘氏家族的一帮人实在看不惯了，矛盾终于被激化了。但如今的王莽综合实力已达到了一个高峰，没有人可以和他抗衡得了。王莽也感觉时机已成熟，就从王太后那里抢走了皇帝的必备物品：传国玉玺。得到玉玺之后，便黄袍加身，成了皇帝，把国号改成了"新"。西汉王朝至此覆灭。

局势分析

王莽为了当上皇帝可谓费尽心机。他在得到太后和大臣们的拥戴后，采

取了好多措施以得到百姓的拥戴，同时他也注重和儒家知识分子的来往。多年来，儒家知识分子一直在追求一个完美的社会——"天下乃天下之天下，非一人之天下"，君主应选贤任能，宣扬仁义。他们选的王莽，正是一个学习《礼经》出身、信奉周公的虔诚信徒，儒家知识分子有充分的理由相信他们这一次的选择是正确的。

元始四年（公元 4 年）八月，王莽修筑了明堂、辟雍和灵台。汉代的儒家知识分子从来都没有见过明堂、辟雍和灵台。这是一些仅存在于儒家经典著作中的建筑，如今它们都在王莽的治理下变成了现实。王莽随即又为长安城的儒家学者们修筑了舒适的高级居所；还给他们提供了一个用来发表演讲和聚会的场地；另外，还在太学里恢复了《乐经》，增加了博士的名额等。知识分子们对王莽"重制礼乐"这一浩大精神文明建设工程表现出了前所未有的热忱和拥护。著名学者杨雄是其中最典型的代表人物。

公元 4 年，杨雄已近 60 岁。蜀中一位大富豪听说他正在撰写新作《法言》，就拿了很多钱财来长安，希望他能在书里给自己写上几笔，以让自己流芳百世。结果却遭到杨雄的拒绝，杨雄后来却在《法言》里为王莽写下一大段文字。杨雄是一位纯粹的学者。在他眼里，王莽勤政事，建辟雍、立学校等，是一个伟大的人物。

说点局外事

从上古到秦汉，专权的外戚就算再尊贵，也没有比得上汉朝的王氏家族的。王氏一族竞相奢华，他们声色犬马，无所不为。四方前来谄媚的人络绎不绝。

但是，在纨绔子弟成群的王家，也有一个例外，他就是王太后同父异母兄弟王曼之子王莽。王曼去世得早，王莽自幼谦虚有礼，深受大家的喜爱，长大后更是以君子的形象出现在世人面前，得到了许多人的支持和拥戴，这就为他以后执政打下了良好的基础。王莽身居高位，却从不以己为尊，总能礼贤下士，清廉俭朴，常把自己的俸禄分给门客和平民，甚至卖掉马车接济穷人，在民间深受爱戴。

朝野的名流都称赞王莽，他的名声甚至超越了当时他的那些大权在握的叔伯。

绿林赤眉起义

王莽上位后，像变了一个人似的，开始残酷镇压和剥削老百姓，再加上接连不断的自然灾害，农民被逼得走投无路，只好纷纷造反起义。

公元17年，南方荆州遭遇天灾，老百姓没有粮食吃，只好到田里挖野菜，但人多菜少，挖菜期间不免发生了争执，湖北京山东北有两个有名望的人，一个叫王匡，一个叫王凤，都来劝架，王匡说："大家都不要争吵了，听我说两句，现在大家就像一条船上的人，动荡不安的国家就像袭击而来的狂风暴雨，我们只有团结起来，想办法战胜暴风雨才能得以平安的渡过难关。"王匡的话说得有些委婉，一些老百姓听不懂了，正感到疑惑，王凤忙解释说："现在朝廷昏庸，不断残酷镇压和剥削我们这些老百姓，如果我们还不起来反抗，以后的日子估计连野菜也吃不上了，大家说是不是？"有几个人点了点头，人群中有一个人还问道："那我们怎么办呢？"王匡借机说道："起义，只有站起来起义才能为我们的未来赢得一丝希望的亮光。"就这样解决了纠纷的同时得到了大家的拥护，王匡、王凤将这批难民聚集起来，打算起义，周边的人听说了，也纷纷前来投靠。一时之间起义的成员达到了七八千，王匡、王凤两人占领了绿林山为王，一点点向外扩张势力。

王莽知道后派出了两万人去清除绿林军，却大败而归。绿林军趁势占领了绿林山附近的几座城，并打开了监狱放出囚犯，又将官仓的粮食一部分分给了老百姓，另一部分运上了根据地。这次胜利后，参加绿林军的人迅速增加到了五万多人。

好景不长，次年绿林山发生了瘟疫，起义军几乎死了一半，剩下的一半赶紧下了山。没了根据地，王匡严肃的脸部表情下略带些悲伤，他召集大家开会，说："由于这场突如其来的瘟疫，我们的将士人数已经锐减了一半，还有的纷纷下山逃命去了。照这样下去，我们迟早会解散。为了避免前功尽弃，我召集大家开这次会议的目的，就是想听听你们对我们目前的状况有什么好的建议，你们都可以大胆地提。"大家开始讨论起来，王凤说："由这次的瘟疫，我们可以看出，所有的兵力不能都集中在一个地方，如果遇到险境或者灾害，可能就会全军覆灭，所以时刻保存住我们的主力是比较关键的一件事，我建议大家兵分几路……"商量后的结果：绿林军兵分三路，分别是新市兵、平林兵和下江兵，这三路人马各自为政，离开山后都建立了属于自己的地盘。队伍又慢慢发展起来。

在从绿林山转移别处的过程中，一些地主阶级，如汉朝皇族遗亲等，也乘着绿林军发展的势头，揭竿而起。

破落地主刘玄参加了陈牧的"平林兵"。而南阳大地主刘秀，则率领家兵响应起义，号称"春陵兵"。

绿林军的组织结构逐渐复杂起来，领导权也慢慢落到了这些有文化有野心的地主阶级分子手中。

在南方的绿林军和官兵在荆州一带大战时，东方的起义也在热火朝天地进行。琅琊海曲一位姓吕的大娘，其儿子在县衙当差，因为不听县官的命令（毒打交不起税的穷人），而被县官杀死。这激起了民愤，上百名贫苦大众联合起来，杀了县官，和吕母逃到了黄海，在海边和王莽的军队周旋作战。

这时候，另一个起义的领袖樊崇，带领着几百名将士占领了泰山。吕母死后，她手下的几百人都跟了樊崇。樊崇的队伍不到一年的时间，就发展到了一万多人。他们在青州和徐州之间，与官府和地主斗争。

樊崇的起义军纪律严整，他规定凡乱杀或乱伤百姓者，一律严惩不贷，所以很受百姓们的拥护。有一次，樊崇的队伍里一个为人比较嚣张霸道的士兵，在路过某农家时，闻到了农家厨房的酒香味，于是上前索要酒喝，老妇说："现在还没到时候，过几天喝口感会更好。"他就感觉对方是在婉言拒绝他，顿时非常恼怒，生气地拿着兵器威胁道："我偏要现在喝！你给不给？"老太婆吓得忙给他拿，老头欲呼救，被他一下子推倒在地，正好撞到了一旁的桌子角上晕了过去，老妇看到老伴出了事，忙上前看。而那个起义军趁机拿着酒罐就逃走了。这件事被樊崇知道后，非常恼怒，打算把那个起义军当场毙了，可大家给他求情，说："不能为了一罐酒伤了将士们的和气。还有，这个人虽然平时嚣张霸道，但是在战场上勇猛善战，杀敌无数。"一番话说得樊崇心软了，他叫上这个起义军，带着上好的酒上门给老夫妇赔礼道歉。

刚进院，老夫妇就指着那个抢酒的起义军对自己的孩子说："就是他上次来我们家里撒野。"他孩子上前就准备去揍，被樊崇拦了，樊崇恭敬地对老人家说道："都怪我平时管教不严，才使手下多有冒犯，现特意来道歉，望老人家多多包涵。"老人的孩子愤怒地说道："上次他差点要了我父亲的性命，这次我岂能饶了他？"说完正要继续打那个起义军，却被他父亲拦了下来。樊崇带来的手下惭愧得无地自容，走到老人身边，将酒放下，说："老先生，你身体怎么样？上次我真不该那么无知……"一旁的樊崇开心地笑了。

樊崇的起义部队大多是没有文化的农民，他们没有明确的等级之分，当人数众多时，互相间以"巨人"相称，表示地位平等。领袖和普通起义军一样，并没有特殊待遇。

起义军没有文书，会写字的也很少，连旗帜和标志都没有。当中职位最高的被称作"三老"，然后是"从事"，最后则是"卒吏"，这些也都是他们原来对乡间小吏的称呼。

就是这样一支和普通百姓没有区别、隐藏在乡间田野的起义军，屡次打败王莽的汉军。

公元 21 年，起义军与翼平连率田况的军队在姑幕展开激战。田况军大败，被杀一万余人。最终抵抗不住了，只好向王莽求要援兵。

公元 22 年，王莽派太师王匡（太师王匡和绿林军的王匡是两个人）和将军廉丹率十万大军前去镇压樊崇的起义军。樊崇提前已做好了大战的准备。为了避免在交战时分不清敌我，樊崇命将士都将自己的眉毛涂成了红色，以作标记。所以人送外号"赤眉军"。

朝廷军再次被起义军打败，士兵逃散了一大半。由于当时国内的统治阶级腐败严重，朝廷军在这样的环境下，很难保持汉武帝时期的那般严明，贪污军士粮饷的事情时有发生，层层克扣下来，军队的纪律和战斗力自然可想而知。太师王匡的大腿被樊崇的枪所重伤，负伤后逃了回去。将军廉丹在混乱之中被杀。经此一战，起义军士气大增，人数很快发展到了十多万。

绿林、赤眉两支起义军打败朝廷军后，别处的起义军也纷纷活跃了起来，黄河两岸的大平原上大大小小的起义军出现了几十路。一些没落贵族、豪强也趁势起兵造反。

豪强刘縯、刘秀兄弟俩是南阳郡春陵乡的人，因为王莽夺了汉室王朝，还不允许刘姓人做官，所以心里怒气不平，于是就率领族人和门客七八千，在春陵乡起兵。他们和绿林军三路人马联合起来，先后打败了王莽的几员大将，名声也渐大了起来。

接连几次取胜后，大家商量着得推选个最高领导，有人认为这是复辟西汉的起义，应由刘姓的人担任。当时起义军中有好多姓刘的，但都没有才能胜任，所以选领导的事就先放一边了。

更始元年（公元23年），绿林军各路将士正式选举刘玄做皇帝，恢复了汉朝国号，年号"更始"，所以刘玄又称更始帝。更始帝刘玄封王匡、王凤为上公，刘縯为大司徒，刘秀为太常偏将军，其余各将也有封号。

局势分析

农民起义的迅速发展，在社会各阶层中引起了极大的震动。本来由于王莽改制损害了豪族地主的利益，已经引起了统治集团内部矛盾的激化，而遍及全国各地的农民起义则更表现出王莽政权已失去了保护地主统治集团的能力。各地一些豪强地主和刘氏宗族开始自寻出路。他们纷纷结寨自保，甚至聚兵割据。

在这部分人中，以南阳地区的刘縯、刘秀兄弟最为典型。居住在南阳的刘縯、刘秀兄弟是汉高祖刘邦的九世孙，虽然从他们的曾祖时起就不能承继封爵，但其父刘钦还曾担任过县令，刘縯兄弟二人也都是南阳拥有大片土地的豪族地主。王莽实行的"王田""私属"等措施，严重侵害了他们的利益。所以当绿林军活跃时，刘縯兄弟便与其他地主联合起来起义。

说点局外事

更始元年（公元23年）二月，绿林军领袖王匡、王凤等拥立刘玄为皇帝，国号"汉"，年号"更始"。刘秀的哥哥刘縯反对刘玄称帝，因此被刘玄、王匡等杀死，刘秀因兵力薄弱，不敢公开反抗，忍辱负重，表示忠顺于起义军。同年八月，绿林军兵分两路，王匡、王凤率军进攻洛阳，另一路申屠建等进攻长安。长安百姓发生武装起义，攻入未央宫，王莽被商人杜吴所杀，王莽新朝就此覆灭。

张衡的天文地理观

早在西方的天文学家哥白尼、开普勒、伽利略之前，我国就出现了一位伟大的天文学家，张衡。

张衡（公元78—139年），字平子，东汉南阳西鄂人（今河南省南召县）人。祖父张堪曾任蜀郡太守。但到张衡时，家道中落，生活陷入了贫困的境地。贫穷的生活促使张衡从小就勤奋好学，读了很多书，写的文章也颇有文采。

同时，贫困的生活使他能够接触到社会下层的劳动群众和一些生产、生活实践，从而给他后来的科学创造事业带来了积极的影响。

为了增加阅历，获取更多的知识，张衡17岁那年，离开家到外面游历。他先是到了长安，而后又去洛阳，就读于最高学府——太学。

长安和洛阳在当时都是繁华的城市，城里的官僚贵族过着腐败的生活，而置百姓的生死于度外。张衡看不过去，拒绝官僚贵族的召请，一心专注研究学问。他注重道德的修养和知识的积累，历时十年写出了《东京赋》和《西京赋》。这两篇赋在描写洛阳和长安的繁华的同时，又无情讽刺和批判了王室贵族的腐朽生活，成了传世名作。大将军邓骘欣赏张衡的才华，多次征召他，张衡都不应命。

除了擅长文学外，张衡还特别喜欢数学和天文学。张衡在天文学方面著有《灵宪》《浑仪图注》等，数学著作有《算罔论》。公元115年，张衡被任命为太史令。太史令平时就是观察天文、制定历法、记录各地灾情等，工作内容正符合他的兴趣。

当时天体、宇宙的学说有三种：第一种是"盖天说"，认为地为方、天为圆，天像盖子一样罩在地上；第二种是"悬液说"，认为天没有一定的形状，日月星辰都自然地悬浮其中；第三种是"浑天说"，认为天是圆的，像蛋壳，地就像包在中间的蛋黄，日月星辰都在都在蛋壳上不停地转动。

张衡经过没日没夜的刻苦钻研，最后肯定了"浑天说"。他指出月球本身并不发光，月光其实是日光的反射；他还解释了月食的成因，并且认识到宇宙的无限性和行星运动的快慢与距离地球远近的关系。浑天说虽不算完全准确，但比较符合观察的实际。

张恒为了论证浑天说，观测记录了两千五百颗恒星，制造了一个叫"浑天仪"的仪器。浑天仪用铜铸造，是一个可以转动的球体。球体上刻着日月星辰，随着球体的转动，日月星辰依次出现，和天空中星象的出没情况对应。

张衡还把浑天仪与计时用的漏壶连在一起，漏壶中的水滴下去带动浑天仪的转动，一天一周。这样，一天下来，星星的东升西落，不出门就可以看得清清楚楚。这在一千九百多年前已经非常不简单了。

张衡的浑天仪，其主体与现今的天球仪类似。不过张衡的天球上画的是他所定名的444官2500颗星。浑天仪的黄道、赤道上都画上了二十四节气。贯穿浑天仪的南极、北极，有一根可转动的极轴。在天球外围正中，有一条水平的环，表示地平。还有一对夹着南极、北极轴而与水平环向垂直的子午线。天球转动时，球上的星体有的露出地平环之上，就是星出；有的正过子午线，就是星中，而没入地平环之下的星就是星没。天球上有一部分的星星永远在地平环上转动而不会落入其下。这部分天区的极限是一个以北极为圆心、当地纬度为半径的小圆，当时称之为内规；有一个以南极为中心、当地纬度为半径的小圆，称之为外规。外规以内的天区永远不会升到地平之上。

张衡天球上还有日、月、五星。这7个天体除了有和天球一道东升西落的周日转动之外，还有各自在恒星星空背景上复杂的运动。要模拟出这些复杂的运动远不是古代的机械技术所能做到的。因此，应该认为它们只是一种缀附在天球上而又随时可以用手加以移动的一种附加物。移动的目的就是使日、月、五星在星空背景上的位置和真正的位置相适应。

从时人的描述来看，张衡浑天仪能和自然界天球的转动配合得丝丝入扣，"皆如合符"，可见浑天仪转动的速度的稳定性相当高。而浑天仪是以刻漏的运行为基础的。由此可以知道，张衡的刻漏技术也很高明。

浑天仪的发明和演示，在当时引起了极大的震动。但是在当时的封建社会，创造发明不受重视，这架仪器到东晋以后就没有踪迹了。

张衡的另一发明是公元 132 年制作的地动仪，同样闻名了全世界。东汉时期，我国不断发生地震。有关资料显示，公元 92 年到公元 125 年，连续发生了 26 次较大的地震。张衡处于这个时期，对地震深有领悟。为了减少地震对人们造成的灾难，他经过多年的潜心研究，制造出了地动仪。

地动仪也是用上等的铜铸造而成，圆径八尺，形似酒坛，上有隆起的圆盖。仪器的内部中央有一根"都柱"，柱旁有八条通道，道中有机关。仪器周围有八条龙，龙头对着东、南、西、北、东南、西南、西北、东北八个方向。龙头和内部通道中的机关相连，而龙嘴是活动的，每条龙的嘴里都衔着一颗小铜球。每一条龙头的下面放有一个张大了嘴的铜蛤蟆。要是哪个方向发生了地震，正对这个方向的龙嘴会自动地张开，铜球"当"的一声就会恰好落在铜蛤蟆的嘴里。

公元 138 年初，京都洛阳的地动仪突然动起来，一枚铜球从位于西边的龙嘴里吐出，掉到蛤蟆嘴里。可当时京城的人们对地震没有一点感觉，于是，人们开始议论，本来就不相信张衡的人也借势煽风点火，说张衡是骗人的。但是没过几天，陇西就派人飞马传书说前几天发生了地震，人们这才真正信服地动仪的作用。陇西距洛阳一千多里，从洛阳无震感的情况可得出，地动仪可测的最低裂度是三度左右，以一千八百多年前当时的技术条件看，测震灵敏度这么高，是非常了不起的成就了。在张衡的地动仪之后，过了一千七百多年，欧洲才制造出和地动仪相类似的仪器。

张衡还发明了世界上第一架观测气象的仪器——候风仪，又名相风铜鸟。他在五丈高的杆顶上安了只衔着花的铜鸟，可以随风转动，鸟头正对着风来的方向。欧洲也有类似的仪器，但比张衡晚了一千多年。张衡还制造了当时传说中才有的指南车。

另外，张衡也曾被唐代人看作是东汉时代的大画家。在当太史令期间，他对史学也有许多研究，曾对《史记》《汉书》提出过批评，并上书朝廷，请求修订。他又对东汉皇朝的历史档案作过研究，曾上表请求专门从事档案整理工作，补充汉皇朝的史书，但这些上书均无下文。

　　张衡当了十几年的太史令,在科技上取得了巨大的成就。汉顺帝即位后,提拔他为侍中,让他参与国家政事的讨论。汉顺帝曾询问张衡痛恨天下哪些人,宦官们害怕他说自己的坏话,都用眼睛瞪着他,他便用一些不易捉摸的话回答了,但宦官还是担心张衡以后会成为他们的祸害,于是群起诽谤张衡。当时,东汉正处于外戚和宦官争权夺势的黑暗时期,张衡最终被宦官们排挤出城。张衡常想着如何立身行事,认为吉凶祸福,幽暗深微,不易明白,于是作《思玄赋》,以表达和寄托自己的情志。张衡知道自己不是那些权贵们的对手,上书辞官回家,但汉顺帝反而让他做了尚书。

　　张衡当尚书不久,就病死在任上。他为中国历史留下了辉煌灿烂的一页。

局势分析

　　汉章帝在位期间,东汉的政治比较稳定。到汉景帝一死,继承皇位的汉和帝才10岁,窦太后临朝执政,让他的哥哥窦固掌握朝政大权,东汉王朝就开始走下坡路了。在这个时期,出了一位著名的科学家张衡。朝廷听说张衡是个有学问的人,就召他到京城做官,先让他在宫中做郎中,后来让他担任太史令,负责观察天文。这个工作正好符合他的兴趣爱好。那个时期,经常发生地震。有时候一年一次,甚至一年两次。发生一次大地震就影响到好几十个郡县,死伤无数。当时的封建帝王和百姓们都认为地震是不吉利的征兆,但是张衡却不信神,不信邪,他细心分析记录下来的地震现象,然后不断考察和实验,发明了一个预测地震的仪器,就是"地动仪"。

说点局外事

　　张衡像他的祖父张堪一样,自小刻苦学习,写的文章很有文采。16岁之后曾离开家乡到外地游学。他先到了当时的学术文化中心三辅(今陕西西安一带)。这一地区壮丽的山河和宏伟的秦汉古都遗址给他提供了丰富的文学创作素材。以后又到了东汉首都洛阳。在那儿,他进入了当时的最高学府——太学,认识了天文学家贾逵的学生崔瑗。在南阳期间,张衡致力于天文、阴阳历算的研究，也正是因为他在这方面的名声引起了汉安帝的注意。永初五年张衡被征召进京，拜为郎中。元初元年迁尚书郎。次年，迁太史令。以后曾调任他职，但五年后复任太史令。总计前后任此职达 14 年之久，他的许多重大的科学研究工作都是在这一阶段里完成的。

昆阳之战

更始帝刘玄上位后，命王凤、王常、刘秀攻打昆阳，很快他俩不负众望，拿下了昆阳，接着又占领了临近的郾城和定陵。

王莽听到起义军已自立有王，一时间坐立不安，到目前已经连失好几座城池了，想到这儿更是心急火燎。他立马派大将王寻、王邑率军 43 万，从洛阳出发，直奔昆阳。

王邑、王寻、严尤等指挥数十万大军包围昆阳后，严尤向王邑建议说，昆阳城小而坚，攻克不易，叛军的领袖在宛城，应对昆阳采取守势，集中兵力攻下宛城，这样昆阳就会不战而降。严尤的战略思想显然很厉害，但骄傲轻敌的王邑根本听不进去，他指挥军队或掘地道，或用撞车，轮番猛烈攻城。但小小昆阳，犹如一枚钢钉，屹立不动，紧紧吸住了数十万大军。为了起到震慑起义军的作用，王莽还特意在民间寻得一个叫巨无霸的巨人，这个巨无霸个子奇高，身体强壮如牛，有驯养老虎、豹子、犀牛等凶猛动物的本领。王莽任命他为校尉，让他带着一批猛兽上阵助威。

与此同时，在昆阳驻守的起义军只有八九千人。起义军将领在昆阳城上看到王莽的军队人马众多，不好对付，建议放弃昆阳，退居原来的地点。

刘秀对此并不认同，他觉得王莽所做的一切大多是虚张声势，不足为惧，所以劝大家不要前功尽弃，应全力守城。大家虽然认为刘秀的话有几分道理，但更多的将士仍认为王莽人数众多，死守在昆阳对抗并非良策，于是商议一番后让王凤、王常留守昆阳，派刘秀带一支人马突围出去搬救兵。

刘秀一马当先，于当晚就带了十二个勇士，趁夜黑从昆阳南门强行突围。由于王莽的军队对此疏于防范，刘秀就这样顺利地冲了出去。

刘秀到了定陵，想把定陵和郾城的军队全部调到昆阳去迎战，但是有些

汉军将领不舍得丢弃原来那些财产旧物，不愿离开，刘秀一怒之下，拍案而起："现在大敌当前，命都不一定保得住，还谈什么财产！更何况我们现在集中兵力打败敌人后，整个江山就是我们的了，今天丢下的根本都不算什么。"

将士们听后感觉确实如此，服从地带着各队人马跟着刘秀去了昆阳。刘秀自带了一支一千人组成的步兵、骑兵赶到昆阳，在离王莽军四五里的地方停了下来，准备作战，王寻、王邑看到刘秀只带了一千多人，于是就只派了几千人迎战。刘秀趁对方还未准备好，就先率军杀了过去，一下子杀了几十个敌人。

前来救援的部队看到刘秀的将士如此勇猛，也士气大振，兵分几路喊杀了出去，王寻、王邑领的兵突然看到这么多人，一下子乱了阵脚，被打得后退。刘秀趁势和汉军乘胜追击，越战越勇，最后以少胜多，竟然杀出了重围。

刘秀只带了三千名将士就战胜了朝廷军。昆阳城内镇守的王凤、王常一见自己的队伍打了胜仗，高兴地打开城门冲了出去。失去头领的王莽军看到又一批起义军扑过来，感觉抵挡不过，纷纷四下奔逃，逃的过程中，你挤我拥，踩死者不计其数，被起义军杀死的也众多。就在王莽的士兵逃亡的过程中，天突然刮起了大风，伴随着轰轰的雷声，一个闪电劈来，吓得巨无霸的猛兽浑身直打战，别说前进了，反而后退着四下逃窜。起义军看到这种情况大喜，追杀的步伐又加快了，王莽军一直往滍水的方向逃跑，在拥挤慌乱中，溺水身亡者成千上万，把滍水都给堵塞了。

当大将王邑回到洛阳时，带去的43万将士只剩下了几千人。汉军收拾战后残局，遍地都是王莽军丢下的兵器、军车、粮草。汉军足足搬了一个月也没有全部搬完，到最后只好把搬不完的战利品全部用火烧了。

昆阳之战是中国历史上著名的以少胜多的战役，是新莽末年农民战争历史的转折点。这次战役消灭了王莽最主要的军事力量。昆阳大战胜利的消息传出，各地农民纷纷受到鼓舞，众人联合起来冲到官府，杀了当地的官员，自立将军，等待汉军的收编。昆阳之战后，刘秀乘战胜之威，率兵北进，很快占领父城等五县，前锋进逼洛阳。更始帝刘玄调遣义军，兵分两路，向王莽的腹地进兵。一路由王匡率领，进攻王莽在东方的重镇洛阳，打开自东向西进攻长安的道路。一路由申屠建、李松率领，沿汉水向武关进发，打开由南方通向长安的道路。

这时，杞县人邓晔、于匡起兵响应，猛攻武关，都尉朱萌败降。攻右队，杀其大夫宋纲。紧接着，又攻克湖县，兵锋直逼长安。

更始帝派出大将申屠建、李松，到长安后。王莽慌乱之中，失去理智，放了监狱中的囚犯，让他们组成一支队伍抗击汉军，但这些囚犯恨得杀他还来不及怎么会帮他，还没和汉军碰面就陆续四下逃散了。到这里，我们就可以看出，一个国家连参战的军队都要从囚犯中挑选，是走到末路了。汉军几乎没费什么力气就攻进了长安城，城里的百姓也响应汉军的号召，放火烧了未央宫的大门。王莽走投无路，带着少数将士逃进了宫里的一座渐台。汉军把渐台层层包围，一直等到渐台上的士兵把箭都射完了，他们才冲上台，杀掉了王莽。到此，王莽新朝历经了 15 年的沧桑后，灭亡。王莽在位 15 年，卒于更始元年（公元 23 年），享年 69 岁。他建立的新朝也成了中国历史上短命的朝代之一。

局势分析

公元 22 年，绿林起义军歼灭甄阜、梁丘赐军后，接着在南阳城下又打败了新军名将严尤、陈茂。严尤、陈茂即率军退往颍川。同年三月，汉将王凤与太常偏将军刘秀等进击昆阳、定陵、郾城等地，进展顺利。王常指挥的部队在汝南等地区的活动也节节顺利。汉军见新军大队人马向昆阳地区开来，于是王凤与王常率领近万人的部队占据了昆阳城。这时刘縯指挥的大军正在宛城围攻守城的新莽军队，胜负不见分晓，但宛城内已经兵少粮尽，军无斗志，外无救兵，形势对新莽军极为不利。汉军的统帅虽然为王凤，但是以后在昆阳之战中，由于王凤等人面对绝对有优势的新莽大军，一度缺乏作战的坚定性，刘秀成了昆阳战役的重要决策人物。

说点局外事

新莽大军到达昆阳后，按照统帅王邑、王寻的命令，开始围攻昆阳城。

新军为了显示其作战能力，把昆阳包围了十层以上，设置了一百多座军营，军旗遍野，十里之外都能听到锣鼓声。新军挖地道，使用冲车和棚车攻城，集中了所有的机弩向城内狂射，乱箭像雨点一样。城中的军民不能外出行走，连出门打水都要头顶门板，以防被乱箭射到。战斗最苦的时候，守将王凤等人曾一度动摇，向王邑乞降，但王邑、王寻认为攻克昆阳指日可待，不许他们投降，决心踏平昆阳不可。这使守军认识到只有拼死坚守，以待援军才能有生路，于是更加顽强地与新莽军搏杀。

刘秀建立东汉

在起义军与王莽军的对抗中，刘秀表现出英勇善战的一面，在杀死王莽的昆阳之战中更是表现出了他出众的领导才能，因此自然得到了更始帝的重用，被派出巡河北。平定了河北之后，刘秀将河北作为自己的根据地，在这里开始了他称帝之前的一系列运作。更始三年（公元 25 年），他在河北称帝，建国号"汉"，史称"东汉"。之后他平绿林、灭赤眉、隗嚣等割据政权。势力逐渐变得强大起来，天下再一次得到了统一。

更始元年（公元 23 年）十月，更始帝刘玄遣刘秀行大司马事北渡黄河，镇慰河北州郡。刘秀的至交邓禹杖策北渡，追赶上刘秀，对刘秀说更始必败，天下之乱方起，劝刘秀立高祖之业，救万民性命。邓禹的话正合刘秀的心意。

刘秀到河北之后不久，前西汉赵缪王之子刘林即拥戴一个叫王郎的人在邯郸称帝，而前西汉在河北的另一个王室、广阳王之子刘接也起兵响应刘林。一时间刘秀的处境很艰难，甚至有南返逃离河北之心，幸得上谷、渔阳两郡的支持，尤其是上谷太守耿况之子、少年英雄耿弇，一身正气，对刘秀说："渔阳、上谷的突骑就有两万多，号令这两郡的兵马，邯郸根本不在话下。"刘秀高兴地道："真是我们北道的主人。"

不久，刘秀率军在更始帝派来的尚书令谢躬和真定王刘杨的协助下，攻破邯郸，击杀王郎等人。值得注意的是，为了促成和真定王刘杨两家的联盟，刘秀亲赴真定府，以隆重的礼仪迎娶了真定王刘杨的外甥女郭圣通。此时距刘秀在宛城迎娶阴丽华不到一年。

见刘秀在河北日益壮大，更始帝极为不安，他遣使至河北，封刘秀为萧王，令其交出兵马，回长安领受封赏，同时令尚书令谢躬就地监视刘秀的动向，并安排自己的心腹做幽州牧，接管了幽州的兵马。刘秀以河北未平为由，拒不领命。不久，刘秀授意手下悍将吴汉将谢躬击杀，其兵马也为刘秀所收编，而更始帝派到河北的幽州牧苗曾与上谷等地的太守韦顺、蔡允等也被吴汉等人所收斩。自此，刘秀与更始政权公开决裂。

刘秀发幽州十郡突骑与占据河北州郡的铜马、尤来等农民军激战，经过激战，迫降了数十万铜马农民军，并将其中的精壮之人编入军中，刘秀实力大增。当时关中的人都称河北的刘秀为"铜马帝"。更始三年（公元25年）六月，已经是带兵过万的刘秀在众将的拥戴下，于河北鄗城的千秋亭即皇位。为表重兴汉室之意，刘秀建国仍然使用"汉"的国号，史称后汉，刘秀就是汉世祖光武皇帝。

在与赤眉军关中激战时，刘秀在关东一线亦派遣以虎牙将军盖延为首的诸将东征梁王刘永。刘永是西汉梁孝王刘武的八世孙。

早在河北时，刘秀就开始为自己将来称帝做准备，他善待老百姓，对于那里不服他的农民军，采取了分化、瓦解、收编的政策。当时，规模最大的农民军是"铜马军"，刘秀收编他们之后，大大增强了自己的军事实力。经过一年多的努力，刘秀终于完全控制了河北地区。

收编铜马军并不是一件容易的事。这些由农民组成的军队，戒备心都很强，至于是不是真心归降，刘秀其实也没十足的把握。为此，刘秀采取了一些措施，他将铜马军及后来高湖、重连诸部的首领都封了侯，以表自己的诚意。但是由于战争才刚刚结束，胜和败的双方都不能完全接受彼此，从农民起义军里走出来的刘秀很明白这其中的原因，于是他下令让那些归降的首领都回到自己的根据地，管理好自己的部下，然后他再带着少量兵前去巡视。作为首领，位高权重，刘秀这样冒险到刚刚投降的敌对军营里，需要很大的勇气和肚量，也正是这分勇气和大度感动了在座的各位首领，大家纷纷表示以后愿誓死效忠，跟着刘秀共商大业。

刘秀这时才觉得他们是真心归降了，就陆续把他们安排到了自己的队伍里，兵马人数瞬间增长了许多。他也因此成为了拥有十万兵马的王。之后，刘秀又率军攻破各个地区的农民武装，捷报频传。看着喜人的成绩，刘秀不免变得骄傲了些。

俗话说"骄兵必败"，终于在一次轻军躁进中，刘秀被尤来、大枪、五幡三部联合袭击，连战马也丢了，幸亏部下王丰将自己的马给了他，他才得以逃脱。刘秀走后，部队缺乏主力，士兵就逃的逃、散的散。部将只好招集散兵，北去范阳集合。集合时，大家没见到刘秀，都以为他遇难了，有人问："萧王呢？萧王怎么没来？"接着是一阵窃窃私语。吴汉看到军心动乱的样子，忙站出来道："我知道大家现在心里都在想些什么，大家尽管放心，就算我们失去了萧王，还有萧王兄长的儿子，不用担心我们没有主帅。"就这样过了几天，将士们的心才渐渐稳定下来。刘秀也在侍卫的护送下回到了大营，将士们喜出望外。

伏击刘秀的农民联军这次虽然把刘秀打击得不轻，但鉴于他的威望最后还是悄悄撤退了，愤怒的刘秀派精兵猛将紧追不舍。

另一边，和刘玄的更始军在河内作战的冯异、寇恂取得了胜利，这增加了刘秀左右将士们的信心。他们借机劝说刘秀称帝，但刘秀感觉时机还不成熟，于是先留下吴汉、耿弇等十三员大将继续讨伐尤来的农民联军，自己则回蓟县去观望形势。之后尤来诸部被歼灭在辽东郡地界，刘秀就将军队转移到中山国进行休整。此时将士们又劝说刘秀称帝，刘秀还是有所顾虑。

耿纯劝道："当初大家抛家舍业，跟着你闯荡江湖、拼杀战场，无非是希望有一个好前途。如今你有机会做皇帝却不做，这让大家会怎样想。如果他们失望了，有退缩之意，你想把这些人再聚起来可就很难了。"

耿纯的一番话说得头头是道。刘秀听后沉默不语，耿纯知道自己无法说动刘秀。

等到刘秀率军到达巨鹿城北边的鄗城时，有个叫疆华的儒生特地从关中赶来，向刘秀献上了《赤伏符》以赞颂刘秀的功绩。刘秀看到自己这么受人民的支持和爱戴，认为时机已到，于是就在都城南郊筑土为坛，宣布称帝，改元"建武"。

局势分析

在昆阳之战中立了大功的刘秀和夺取了宛城的刘縯两兄弟势力迅速扩张，于是新市、平林的将领劝更始帝刘玄杀掉刘縯。

刘秀听说哥哥被杀的消息，不敢戴孝，并立刻赶回宛城，向更始帝刘玄赔罪。席间，刘秀不居功，不激愤，谈笑间把丧兄之痛深埋心底。这让刘玄有点过意不去，封刘秀为破虏大将军、武信侯。

更始帝定都洛阳后不久，刘秀自请到河北镇抚州郡，借机脱离更始帝，以有名无实的特使虚衔，带领数百人马渡过黄河，一路流亡、释放囚犯，获取民心。刘秀在消灭了一些割据势力，收编河北地区的农民起义军的同时，赢得了河北诸郡百姓的爱戴和拥护。

说点局外事

光武帝刘秀派大将军冯异带领军队，把赤眉军引到崤山下包围起来，同时派人向赤眉军下战书，约定时间和地点会战。

单纯的农民军不知这是陷阱，就按约定发起进攻。冯异派出少数兵应战，赤眉军不知是计，看到汉军人少，就全军出击。就在这时，埋伏在道路两旁的汉军冲了上来，他们的打扮和赤眉军一模一样，双方在混战中一时分不清敌我，正当赤眉军不知所措时，冒充赤眉军的汉兵突然大叫："投降！投降！"赤眉军军心大乱，汉军趁机解除了他们的武装。这一战有八万多赤眉军投降。

光武中兴

刘秀上位后就采取了一系列措施，使东汉的农业、经济得到了快速发展，国家迅速从战乱中恢复过来。国家变得安定昌盛，百姓们也安居乐业。历史上称这个时期为"光武中兴"。

建武二年（公元26年）至建武十四年（公元38年）期间，光武帝颁布六道释放奴婢的诏令。建武十一年（公元35年），连下三次诏令：杀奴婢者不得

减罪；炙灼奴婢者依法治罪；免被炙灼的奴婢为庶人；废除奴婢射伤人处极刑的法律。恢复西汉较轻的田税制，实行三十税一。遣散地方军队，废除更役制度，组织军队屯垦。简政减吏，裁并四百多个县。放免刑徒为庶民，用于边郡屯田。建武十五年（公元39年），下令度田、检查户口，加强封建国家对土地和劳动力的控制。加强中央集权，对功臣赐优厚的爵禄，但禁止他们干政；排斥三公，加强原在皇帝左右掌管文书的尚书之权，全国政务经尚书台总揽于皇帝，在地方上废除掌握军队的都尉。

光武帝深知百姓们都希望有个太平的天下，不想再经历战争，他经过多年的征战也厌恶了战争给人们带来的伤痛和损害。因此，在平定隆中蜀地之后，他决定停止战事，致力于发展社会经济和安抚周边少数民族。同时，为了加强新兴的东汉封建政权，光武帝吸取历代朝廷的经验和教训，先后采取了一系列的政策和措施来缓和阶级矛盾。

第一，集权于尚书台。

为了加强自己的统治，他首先想到的是削弱和他一起打天下的那些功臣的力量，虽然不用做到"狡兔死，走狗烹"的境地，但赏赐金银，让他们安于现状还是十分必要的。

他赐予功臣良田豪宅，高官厚禄，随之解除了他们的军政大权。

按今人的眼光来看，光武帝的做法是非常聪明的。前车之鉴，西汉前期三公权重，逐渐把皇帝的权力架空了，光武帝是不会让这事在自己身上发生的，于是他虽设三公之位，但把一切行政大权交给了尚书台。这样，权利就牢牢地掌握在了他的手上。到了东汉后期，又封那些有权势的大臣"录尚书事"的职衔，因此尚书台又沦为权臣专政的工具。

第二，仁义待人，天下归心。

刘秀的想法类似"得民心者得天下"，是以人为本的思想。乱世年间，刘秀能从众多人中脱颖而出，他以人为本的思想起到了不小的作用。刚开始起义时，他就信守"不妄杀生灵"的信条。公元23年，他奉更始帝之命，巡查河北，到达邯郸时，已故的赵缪王儿子刘林向刘秀献计说："赤眉军现在河东，如果引来黄河水淹之，必使他全军覆没。"刘秀并没有听取他的建议，这才使赤眉军百万之众幸免于葬身水中。除此之外，他还善待降卒。最典型的一个例子是铜马军投降的时候，刘秀不但没有杀他们的一兵一卒，反而把他们的首领封为了列侯。所以关西一带称刘秀为"铜马帝"。

第三，提倡儒学，表彰气节。

中国历史上"罢黜百家，独尊儒术"的创始人就是大名鼎鼎的光武帝。光武帝尊崇儒学世人皆知，当东汉政权稳固后，他在政治上首先做的就是兴建太学，设置博士，向学士文人传授儒家经典。

在巡视幸鲁地时，光武帝曾祭祀孔子，后来又封孔子后裔孔志为褒成侯，以此表示对孔子儒家学派的尊崇。

同时为了将儒家传统昭示天下，光武帝还将一些在王莽当政期间隐居不仕的官员、名士大肆赞扬甚至表彰了一番。因为在刘秀看来，这些人忠于汉室、不事二主的高风亮节值得世人推崇。当然，他这样做也有醉翁之意，因为他希望通过这种重视人才、提倡名节的方式来整顿社会风气，巩固东汉政权统治。

第四，官僚机构改革，裁减冗员。

光武帝上位后，发布诏令将地方各区的一些贪官污吏都清除下位，同时又选拔优秀人员上任，对新上任后的官员都严格要求、奖惩分明。又命人对于机构中不好的条例法则，统统删除，重新起草拟定。此外在对老百姓减免赋税的同时，自己又以身作则、勤俭节约。得到了天下老百姓的拥戴。

第五，度田政策的失败。

东汉政权是在豪强势力上发展起来的，因此豪强的势力在朝中处于举足轻重的地位。他们势力的发展威胁到朝廷的同时，也危害了广大百姓的利益，因为他们依仗位高权重，到处掠夺土地，百姓们苦不堪言。光武帝就下令遏制他们的罪行，并且处置了一批不服管教的豪强。这激怒了其他的豪强，他们联合起来武装起义，光武帝以仁慈著称，不想再争战，于是放松了对豪强的管束，度田以失败告终。

第六，谦和纳士，养成尊儒新风。

有关史料记载，光武帝在公元 29 年命周党等名士入朝为官，周党见了皇上却不下拜，并且还不愿入朝为官，只想隐居乡野，旁边的大臣大怒，认为他敬酒不吃吃罚酒，胆敢违抗圣上命令，而光武帝却并没有恼怒，让周党继续说下去，周党陈述了自己忠于国家的志向，只是感觉乡野更适合自己生存。光武帝看他是儒家学者，尊重他的意愿，就放他回了家乡。表面看是光武帝妥协了，实则是为了让人们养成尊儒的新风。

第七，中和矛盾，营造和谐氛围。

光武帝平时比较喜欢研究易经之类的东西，他把其中的思想运用到政事的处理中，取得了一些明显的效果。起初，光武帝想让孙成当代理大司马，无奈遭到大家的一致反对。他征询大家的意见，最后被大家选出来的是吴汉和景丹。汉武帝知道让他们俩谁当都不好这个大司马：让吴汉当，会使景丹和他手下的人不满；让景丹当，又会使吴汉和拥戴他的人恼怒。无奈之下，他想出了一个权衡之计——让吴汉当大司马，封景丹为骠骑大将军。这样两个人各有其职，私下的人就是再有什么意见也不好多说什么了。

光武帝在位年间，采取了许多有效措施，大力发展生产的同时尽量避免武力斗争，得到了天下百姓的拥戴。他减轻赋税、大肆兴建水利，处处为百姓的生活和国家的繁荣昌盛考虑。通过他的一系列措施，国家手工业迅速发展起来，相继出现了许多工艺精湛的瓷器和纺织品，冶炼技术也得到了巨大的改进。铁的产量大大提高，铁制工具的改进也更一步促进了生产力的发展。此外，光武帝还时时关注各地动态，哪里有灾难，他就会在第一时间派人前往解决。这些都为国家以后的繁荣稳定打了下良好且坚实的基础。

局势分析

刘秀是太学出身。一个读书人能成就开国伟业，其过人之处是什么？

一，自幼熏陶、胸怀大志。

刘秀是汉高祖刘邦的九世孙，长沙定王的后裔，9岁时成了孤儿，寄养在叔父刘良家中。家庭上下和睦，兄弟友爱。刘秀待人接物慷慨磊落，行事更是睿智勇敢，早时研究《尚书》，通晓大义。这样的出身和家庭熏陶，对刘秀后来的抱负和作为都起到了非同寻常的奠基作用。

少时在长安读书时，看到执金吾出巡，前呼后拥，车骑很盛，刘秀就想当个执金吾。

二，重情重义、宽容仁爱。

冯异先前是王莽阵营中的人，后又依附刘秀，在刘秀建立东汉政权的过程中立下了汗马功劳。冯异曾连续数年镇抚关中，权力日盛，朝中亦有人非议，刘秀将参毁的书信交给冯异并表明自己不会治他的罪。

三，智勇双全。

在东汉王朝的开国战争中，刘秀表现出了卓越的军事和指挥才能。他善于把握战机，长于集中优势兵力，各个击破；精于避实击虚；勤于总结经验教训，不断改进战术。

说点局外事

俗话说"强将手下无弱兵"。公元24年，刘秀攻打颍阳时，祭遵去投奔他，被他收为门吏。后随军转战河北，负责军营的法令。祭遵为人廉洁，为官清正，克己奉公，常受到刘秀的赏赐，但他将这些赏赐都拿出来分给了手下。生活上他十分简朴，家中没有多少私人财产，即使在安排后事时仍嘱托手下的人，不许铺张浪费，只要用牛车载自己的尸体和棺木，草草下葬就可以了。铁面无私的祭遵连刘秀喜欢的人犯法也不放过。刘秀本来很生气，但是想想觉得祭遵做的也是对的，并且借之警告群臣："你们要防着点祭遵这个人！我的人犯法他都敢杀，更何况你们了。"

外戚和宦官的专权

从东汉的汉和帝开始，先后继位的都是一些短命的皇帝。其中开国皇帝汉武帝活了60岁；然后是汉明帝，48岁；之后的汉章帝，31岁。就这还算是比较长命的，很多不到20岁就丧了命，最小的一个只有一百多天。

皇上去世，只好由他们年幼的孩子来继承皇位，于是先后出现了一大批"儿皇帝"，而这些天真无邪的小孩当然执掌不了朝政，于是就由他们的母亲代理朝政，而女人通常对朝政不大擅长，因此就将权利转移给了自己的母族，所以就造成了外戚专权、宦官乱政的残酷局面。

时间越长，外戚的权利在朝里就越来越大，影响力也大得无人能及，有的甚至都威胁到了小皇帝的存在。皇帝显然成了一个傀儡，一个摆设，名不副实。

有的小皇帝半路就害病而死，他自己还是个孩子，当然就没有后代。这时太后和外戚就会从皇室血统里面挑选出一名比较优秀的小孩即位，这样权力还是掌握在他们的手上。

渐渐地，小皇帝长大了，他发现自己虽然贵为天子，却没有一点自由，大大小小的事都要听从太后和外戚的安排，于是他很愤怒，想反抗，但凭自己的实力显然是敌不过对方的。他意识到自己需要找个可靠的人帮自己把权利夺回来，本想靠大臣们，但又想到所有的大臣差不多都已被外戚官员收买完，显然不会向着自己，还有太后更是不会让权利落到外人之手。

于是他就想到了那些看起来为人比较老实的太监们。有一天他密诏太监们到身前，说了下自己想摆脱任人摆布的想法，太监们举双手赞同，并且心里琢磨着，如果胜利了，不是就为皇上排忧解难了，立了大功后，升官发财之类的好处自然是少不了的。

就这样，皇权从外戚手里慢慢转向了宦官的手中。

宦官把权利从外戚那里夺了过来，无知的皇帝以为自己这下是真正的掌权者了。其实不然，无穷的争斗还在后面。皇帝高高兴地娶了个老婆，过着拥有自己权利的生活，却没有几年的光景，两眼一闭命丧黄泉了。

皇帝一死，幼帝又即位，又是太后执政，整个东汉朝廷陷入了一个恶性的循环。皇帝小的时候不懂事，外戚掌权，皇帝大了让宦官帮忙夺权，宦官夺走后自己把持着朝政不放，皇帝一直处于被架空的状态，而外戚、宦官两方争得热火朝天，把整个东汉搞得乌烟瘴气，人仰马翻。

在这混乱的争斗中有一个外戚的代表，我们来看下，他是如何利用职权谋取暴利的。

公元125年冬，32岁的汉安帝逝世。按照当时的惯例，应由他和皇后生的儿子继承皇位，但皇后阎姬没有儿子，她又不想让其他妃子的孩子即位，于是暗中命人寻得一个叫刘懿的小孩当了皇帝，自己则垂帘听政。

但没想到刘懿做了7个月的皇帝就死了。阎姬还想自己掌权，迟迟不肯另立新帝，本来宦官们对她不立汉安帝独子刘保为帝的事就心存不满，现在见她又这样自私贪心，一怒之下发动了宫廷政变。政变的结果，阎太后被赶走，11岁的刘保被拥立当了皇帝，即汉顺帝。刘保开心地当了皇帝，对把他拥上皇位的宦官们是格外重视，给他们加官晋爵、赐予黄金白银万两。等到刘保长大后，娶了外戚梁家的女儿，并册封其为梁皇后。这样，外戚的权力又大了许多。

梁家的掌事者叫梁商，是一个比较圆滑的人，他不像以往的外戚家庭和宦官们争的你死我活的，他就算再讨厌宦官，表面上也不会表现出来，毕竟当初还是宦官们把他的女婿拥上了王位。他有时还请宦官到家里做客，好茶好酒相待，宦官也是见好就收的人，不再找梁家的麻烦，于是梁家的势力迅速扩张。

梁商死后，他的儿子梁冀继承了他的财产和位置，出入于汉顺帝身边，此人有恃无恐，为人霸道张扬，行为十分嚣张，根本不把国家的法令准则放在眼里，感觉自己就是王法似的。但他的性格在汉顺帝看来是直爽、不做作，所以对此还表示喜欢。

汉顺帝30岁仙逝后，梁冀变得更加肆意妄为。

汉顺帝和汉安帝一样，一生只有一个儿子，叫刘炳。汉顺帝一死，两岁的刘炳就登基成了冲帝，梁皇后执政，梁冀自然成了权倾朝野的人。但刘炳只当了半年的皇帝，就害病死了。梁冀又从皇族里挑选了一个各方面都比较出众的小孩来即位，称为汉质帝。

汉质帝年龄小是小，但是比较聪明伶俐。在一次朝堂之上，梁冀把众大臣们批得一无是处，恨不得挖个地缝藏起来，一旁的小皇帝都看出来了，当场说他飞扬跋扈。梁冀一听，立马脸就黑了下来，却又不能驳些什么。

下朝后，梁冀怀恨在心，感觉汉质帝还这么小就敢在朝堂上说自己，长大后还不知道会怎么样，于是决定把这股未来可能超出他的势力掐死在摇篮里，他想了个法，命人在煎饼上放了毒药，给汉质帝送了去。

小孩子一见有饼吃，就高高兴兴地拿了过来，也不管三七二十一大口吃了起来，刚吃完就感觉肚子很疼，疼得在地上打起了滚来。太尉李固等人闻讯赶来时，汉质帝已经奄奄一息。一些忠臣良将大声怒斥当场的人，问到底是怎么回事，大家心里都明白是怎么回事，但都沉默不语，而太医们则在一旁忐忑不安，生怕怪罪到自己头上。

就在大家沉默间，汉质帝没了呼吸，群臣上下一片哀嚎。只有梁冀一个人在一旁心里默默地偷笑。就这样，登基还没一年，刚9岁的汉质帝就被毒死在了宫殿中。

梁冀心狠手辣，连一个孩子都不放过，这让人们对他恨之入骨。

为了延续和保住自己的权力和地位，梁冀在汉质帝死后，又亲自挑选了一个叫刘志的15岁的孩子来继承皇位。这个孩子就是历史上的汉桓帝。

汉桓帝也是梁冀用来玩弄朝政的一个挡箭牌，像以往太后执政一样，梁冀当权，整个朝廷成了梁氏的天下。

梁冀变得更加肆无忌惮。他四处霸占百姓的土地，用来给自己盖房子，几乎全国各地都有他的房子。对此，百姓敢怒不敢言。

梁冀喜欢兔子，就在花园里养了许多兔子，并且在它们身上做了标记。对外宣称谁要是伤了他的兔子就相当于冒犯他，冒犯了他也就是死路一条。

有一个外地的商人不知道此事，看到兔子后感觉兔子肉多脂厚，肯定能卖个好价钱，就打死了一只，却没想到第二天就被抓进了官府，被严刑逼供，后来被处死，他的全家人也跟着被诛杀，其中的原因只是因为杀了梁冀家的一只兔子。

还有一次，一个叫吕放的人和梁冀的父亲聊天，流露出了一些对梁冀的不满，希望他的父亲平时好好管教管教他。这被梁冀知道了，就派出几个人暗杀吕放。

那天晚上，吕放正向回家的方向走去，走到半路时忽然从路边草丛中冲出几个蒙面人，吕放害怕地说道："各位英雄好汉，我只是去拜访朋友，身上真没带多少钱，你们大慈大悲放我过去吧！"蒙面人没有吭声，吕放感觉不对劲儿，心想：他们如果冲钱来的，早就动手了；莫非要取我性命？一想到这里，他立即转身就跑，可哪里跑得过那几个杀手，没跑几步就被蒙面人用尖刀杀死了。梁冀杀了人，怕被别人知道，就推卸责任说是吕放的一个仇人干的，他又花钱找了一个替死鬼，那个吕放所谓的"仇人"在严刑逼供下，不得不屈打成招。

梁冀的权力大到谁升官了都要先到他的门下千恩万谢。有个叫吴树的官员，将要到宛县去做县令。临行前向梁冀辞行谢恩。正巧梁冀刚收到信，说他在宛县的两个门客惹出事了，正在吃官司，因此他嘱咐吴树上任后多关照他们一下，可吴树却大胆地斥责道："将军接受了国家这么多的恩惠，应该为国家多推荐贤明人士，没想竟然为两个为非作歹的人说好话！"说完大踏步地离开了。显然吴树是一个公正廉明的人，一到任，吴树就把梁冀门下祸害百姓的坏人杀了几十个。梁冀知道后恨得咬牙切齿，心想："好你个吴树，竟敢明目张胆地和我梁冀对着干，那我们就走着瞧！"

后来，吴树被调到荆州当刺史，临行前按照老规矩去梁冀的府上坐坐，梁冀装作一副不计前嫌的样子，笑眯眯地款待吴树，吴树天真地以为梁冀真的把之前杀他门客的事忘了，于是也没有一点防备之心，痛快地饮了梁冀递过来的一杯酒，刚喝完没多久就气绝身亡了。

不仅如此，贪图享乐的梁冀还公然从民间挑选了上千名美女，她们被送到自己建好的新殿里，而梁冀却对外声称是自己有恩于这些女子，她们自愿进门抵债。

另外，他派人去调查谁家有钱，然后就把谁抓来，随便安一个罪名，叫他家人拿钱来赎罪。有一个叫孙奋的人很有钱。梁冀送给他一匹马，向他借钱五千万，孙奋被他逼得没办法，就给了他三千万。梁冀非常不满，就吩咐官府去抓孙奋，诬陷说孙奋的母亲是他们家逃出来的奴婢，偷走了大量金银珠宝，他一定都要讨回来。孙奋护着母亲不让官军抓，并大声呵斥说是诬陷，根本没有梁冀说的这回事，但官府的人根本不听他的辩解，他也在反抗中被官府的人用乱棍活活打死了，财产尽归梁冀所有。

在梁冀执掌朝政的二十年中，他横行霸道，无恶无做。等到汉桓帝长大后，他更是嚣张至极，连汉桓帝的家庭私事也管。

有一次，汉桓帝的宠妃梁贵人，因在汉桓帝面前说了一些梁冀的罪行，这事被传到梁冀的耳朵里。可想而知，不会有什么好结果。

为了不引起别人的注意，梁冀把魔爪伸向了梁贵人的母亲，他派人暗杀了梁贵人的母亲。

梁贵人哭哭啼啼地跑来向汉桓帝诉说丧母之痛和心中的委屈，汉桓帝看到自己心爱的人悲伤欲绝的样子，心中不免火冒三丈，认为平时梁冀嚣张

也就罢了，现在竟然欺负到自己宠妃的头上了，于是决定马上派人铲除这个逆贼。但由于梁冀在朝中的地位根深蒂固，难以动摇，他便找到了梁冀的仇人——五名宦官，这五人分别是中常侍单超和徐璜、小黄门史左悺、黄门令具瑗、唐衡。

宦官们一听要让他们铲除异己，纷纷表示赞同，况且这也是他们几个人翻身的机会。这二十年来他们被以梁冀为首的外戚政权压得是抬不起头，也根本没有抬头的机会，所以机会来了他们必定会倍加珍惜。

一天，梁冀正在家午休，忽然被外面的一片嘈杂声吵醒，忙问身边的人是怎么回事，回说宦官带着近千名御林军过来，他忙穿好衣服，准备逃离，找个安全的地方，却发现所有的出路都被堵死了，眼看着就要杀进来了，他咬着牙服毒自杀了。

梁冀死后，与他沾亲带故的人都被列上了黑名单。一时间梁府上下，哀声不断，叫苦连天。有的听说了梁冀的事，正准备收拾东西，带着妻儿老小逃往别处，刚一出门就碰上了气势汹汹的御林军；有的因为反抗，当场被杀死。这次行动闹得满城风雨。百姓一听梁冀死了，他的家也被抄了，都拍手称快。

经过这次的清剿，祸乱一时的梁冀一党彻底走向了灭亡。

局势分析

外戚、宦官专权，是封建统治集团内部矛盾在专制制度下的尖锐体现。专制制度的完备，使权力高度集中于皇帝之手，皇帝成为一切权力的化身。觊觎皇权的人，都试图挟天子以令天下。

豪族政治势力壮大，导致出现外戚专权的现象，以致架空皇权。皇帝为了握住手中的权力，不得不求助于自己信任的宦官，这才让宦官有了专权的机会。

说点局外事

梁冀出身世家大族，先祖时曾协助汉光武帝刘秀建立东汉，父梁商，妹为汉顺帝的皇后。梁商虽然身居高位，但有所约束，不敢十分专横跋扈。常常"礼贤下士"，因而梁商的名声不太坏，但实际上梁商是在为他的儿子梁冀专权铺路。

公元 345 年梁冀任河南尹，以此为跳板接替了父亲的职位。

党锢之祸

梁冀虽然死了，但还有无数个张冀、王冀……这些像梁冀一样的逆贼就是帮汉桓帝夺了权力的宦官们。他们的势力像雨后的春笋般纷纷旺盛地生长起来，汉桓帝以为自己的天下太平了，其实只是把权力转到了另一拨人的手里而已。

汉桓帝知恩图报，册封单超等五名宦官为县侯，史称"宦官五侯"。

宦官们得势了，对皇帝是言听计从，因为他们知道自己的一切虽是靠自己打拼出来的，但也是皇帝赏赐的，所以没有像梁冀那样大胆地玩弄皇帝于股掌之间，想杀就杀，想换就换的。所以皇帝更加信赖他们这些人，却不知道他们在他面前时故意装作一副乖猫的样子，背地里却净干些见不得人的事。

新上位的皇帝新鲜劲儿一过，宦官们便开始思考着为自己谋划点什么。娶妻生子，这辈子他们是实现不了了。腰缠万贯，到最后也没有一个继承人。还是权力有趣。在他们没有权力之前，受尽了宫里人的白眼和歧视；现在有权有势了，以前见了他都懒得搭理的人，现在见了他个个老远看到就赶紧过来问候一声："公公您好！公公您这大清早是去哪呢？……"点头哈腰、谄媚赔笑的，让他们仿佛看到了自己的影子。

虚荣心一下子得到了满足，他们有种报复的快感，想把以前受的所有委屈和心酸都要趁现在统统翻倍送还给那些曾瞧不起他们的人。于是他们带着手下，没事找事，看谁不顺眼，就上去踢两脚，给两拳或直接扇儿巴掌等。

这给下面的小太监们起到了带头的作用，整个皇宫瞬间又乱成了一锅粥，而这些宦官们像老鼠屎似的脏了一锅粥。

有些外戚实在看不下去了，上书汉桓帝请求罢黜宦官，安定朝政。一些当初因为没钱给宦官打通自己升官路的太学生们，也私下表态支持清除宦官。

汉桓帝早就知道宦官们私下的一些所作所为，但由于总感觉大权当初是他们帮着从外戚那里夺过来的，所以遇事总会多多少少偏向于他们些，凡是不涉及原则的问题，他都睁一只眼闭一只眼让它过去了。

汉桓帝看完外戚官员的奏章，随手丢在了一边，心想："当初国家权力被梁冀独揽时，你们都去哪了，现在看到宦官们被我重用了都个个有意见了，那就由他们去吧！"他对奏章的事只字不提，也不说反对，也更不说支持，显然不会罢黜宦官。

外戚见皇帝迟迟没有表态，感觉罢黜宦官的希望渺茫。人们私下恼怒了，尤其是太尉陈蕃和司隶校尉李膺，他们联合朝里的官员和学生试图挑起一场战争。

就在这时发生了一件事。

宦官侯览有一个朋友叫张成，张成的儿子和人闹了矛盾，一怒之下，杀了人，按律当斩，张成心急如焚地找到侯览，请侯览救救他儿子：自己就这么一个儿子，如果死了，他该怎么办。

侯览告诉他不用着急，皇上马上就要下大赦令了，就是杀了人也会被赦免的，于是张成就纵容了他儿子的杀人。

这件事被李膺知道了，李膺认为张成明知道杀人是犯法的，也可以阻止他儿子行凶，但他没有阻止，反而见缝插针，利用大赦令使他儿子逃脱应有的惩处。所以照样下令砍了他儿子的头。

张成忍着丧子之痛，来到宫里求见宦官侯览，让他为自己的儿子报仇，一定要除掉李膺那一帮人方解他心中之恨。说完，眼泪又止不住流出，白发人送黑发人的难受，侯览看在眼里，忙上前安慰，边安慰边说："这李膺也太大胆了，竟然连皇上的赦令都不放在眼里，我们去禀告皇上，治他个抗旨不遵……"旁边的张让开口了："光这一点还不足以扳倒他，我有更好的主意……"几个人关了门到里屋，嘀嘀咕咕商量起了对付李膺的对策。

次日，大殿之上，皇上拍岸而起："什么？你说李膺和名士学生结成一党，自立门派，意图谋反？"张成的弟子牢修说："是的，他们还在天下散布谣言，说皇上现如今偏宠宦官，不务朝政，宫中上下一片混乱……"皇帝这时还将信将疑，又问身边的贴身小太监，"小意子，你不是经常出入宫外？牢修大人说的都是真的吗？"小意子战战兢兢地说："是……是的，皇上"。

于是汉桓帝就下令逮捕李膺及相关的一些人。一旁的张让、侯览两人相视而笑，为自己计策的初步胜利而笑。

一时间，李膺及李膺身边的那些人，还有所有曾参与要罢黜宦官的人都被抓了起来，全被扣上了谋反之罪的帽子，朝廷还对外言称是李膺组织的造反党。

这些被抓的人都被称为党人，由宦官来审理。宦官和李膺他们双方本来就势不两立，再加上宦官侯览的朋友张成的儿子又死于李膺的手，所以进了监狱这些人相当于落入了虎穴。

每天他们都吃着官差送的剩菜馊饭，有的人受不了疾苦，没几天就一命呜呼了。到了晚上以为可以睡个好觉了，却被以问公事的理由唤起，不承认自己是李膺领导的党人就会被用刑，这样连续被折磨了一年多。

直到次年，汉桓帝的皇后窦氏父亲窦武上书求情，汉桓帝才放了这些人。但此时被关的人数已从最初的几百人变成了现在的几十人。

这些人出来后以为终于见天日了，但没想到又陷入了另一番困境，他们不被允许在京城内活动，外地的还好，可以回去，本地的家就在京城，不在京城活动在哪，真的是逼得有些人有家难回，流浪在外。此外，他们还被剥夺了做官的权利。历史上称这次事件为"党锢事件"。

经过这场大风波，朝廷上下顿时安静了许多，宦官在这场对决中显然取得了巨大的胜利，而陈蕃等人对此只能敢怒而不敢言。

这样，过了一段时间，汉桓帝死了，太监们的势力也随之变弱了些，但是人们还不足以能够扳倒他们。汉桓帝没有儿子，窦皇后就从皇族中找了一个12岁的小孩刘宏继承皇位，即汉灵帝。

刘宏即位后，窦太后执政。外戚的势力恢复了一些。窦太后的父亲窦武把原来被剥夺为官权利的那些人召回了京城，重新起用。这时宫里宦官的关系更复杂了，不仅只是五侯时期那几个人了。窦太后和汉桓帝一样，也十分信任宦官，一听他的父亲要铲除宦官时，犹豫不决。宦官们的消息比较灵通，就在窦太后犹犹豫豫时，听说窦武要除掉他们的事，于是决定在窦武之前先一步行动。曹节、王甫带领着宦官们开始行动，首先曹节劫持了窦太后，并

夺走了玉玺印绶，假借汉灵帝的名义，诬陷窦武、陈蕃蓄意谋反，然后将其杀害，其他反对宦官的人也一并受到牵连，被罢官的罢官、被杀害的杀害。宦官猖狂至极，权力已盖过皇上。他们把窦太后迁往南宫云台，软禁了起来。

此时的汉灵帝只有 14 岁。

尚且年幼，什么都不懂，曹节向他禀告党人谋反时，他听得一头雾水，曹节就混淆视听，给他说党人有多么可恶，暗示他立马下旨将所有的党人捉拿归案，就这样在窦武死后，朝外其他反对宦官的人也全都被抓了起来。

这就是第二次党锢事件，李膺在狱中被暴打致死，杜密心灰意冷自杀，所有的忠臣都被杀害，朝上只剩下了宦官那一帮趋炎附势之人。

局势分析

外戚、宦官交替擅权，使东汉政治更加黑暗腐朽，东汉王朝危机四伏。面对深重的政治危机和社会危机，统治集团内一部分官僚、士人，开始对东汉政权的前途感到担忧。另外，宦官和外戚及其爪牙控制了选官大权，选举不实，权门请托，贿赂公行。选官制度的混乱，严重地堵塞了太学生和各地郡国生徒入仕的出路，这引起了人们强烈的不满及对国家命运和个人前途的担忧，促使一些官僚、士人反对外戚、宦官专政，要求革新政治，并对时局提出尖锐的批评，对不畏权势的人物进行赞扬，逐渐形成了社会舆论。

东汉王朝建立后，为加强思想统治，提倡儒学，对太学十分重视。安帝、顺帝时期还不断扩大太学规模，顺帝时太学生达三万余人。各地纷纷建立起学校，四海之内，学校如林。这些太学生们同官僚士大夫有着密切的联系，因此太学也成为反对外戚、宦官专权的中心。

说点局外事

东汉熹平五年（公元 176 年），闰五月，永昌太守曹鸾上书为"党人"鸣冤，要求解除禁锢，汉灵帝不但没有听从，反而收捕并处死曹鸾。接着，汉灵帝又下诏书，凡是党人门生、故吏、父子、兄弟中任官的一律罢免，禁锢终身，并牵连五族。

汉灵帝中平元年（公元184年）春二月，黄巾之乱兴起，汉灵帝怕党人与黄巾军一同作乱，遂于夏四月丁酉日大赦天下。

汉灵帝中平六年（公元189年），汉灵帝病死，少帝刘辩继位，外戚何进担任大将军，执掌朝政大权。何进图谋诛除掌权的宦官张让、赵忠等人，反被宦官诱入后宫杀害。为替何进报仇，豪族出身的官僚袁绍领兵冲入皇宫，把宦官杀戮殆尽，结束了外戚宦官长期专权的局面。

班超出使西域

光武帝即位之后，警钟长鸣，避免后人重蹈覆辙，他决定派人将西汉的历史记载下来，当时最有名的学者班彪被选为总编纂，班彪接到任务后，没日没夜地忙碌起来。由于工作量大而繁重，直到死，班彪也没有把《汉书》写完。班彪有两个儿子、一个女儿，在他这个大学问家的熏陶下，从小都聪明好学。大儿子班固，性情温和，从小就跟在父亲身边，学问最好。二儿子班超，志向远大、文武双全，兴趣广泛。女儿班昭聪明伶俐。

班彪死后，他的大儿子班固接替了他父亲未完成的使命，而班超和班昭有时也帮哥哥抄抄写写。一天，班固像往常一样和弟弟、妹妹二人整理资料，讨论起了汉武帝时派卫青、霍去病去征讨匈奴的事，说着说着，班超就激动起来，说："大丈夫理应拼杀战场，为国效力，怎么能天天窝在书房。"说完他就决定跟随将军们奔赴战场，征讨匈奴。班固本来想拦他，班昭说："人各有志，让他跟着自己的心走吧。不让他去，他天天在这儿写书也不会用心的。"班固感觉妹妹说的话挺有道理，就随他去了。

公元73年，班超跟随大将窦固去征讨匈奴，取得了胜利，得到了窦固的赏识。一次，窦固想借用汉武帝时候的方法，派个使者出使西域，做个中间人把所有能拉拢的少数民族拉拢到一起，联合抗击匈奴。于是班超就作为了此次前往的代表，出使鄯善。

班超一队人马刚到鄯善时，得到了鄯善王热情的招待，但是没过几天鄯善王对他们的态度就突然变得冷淡。时刻处于警备状态的班超，把大家召到

一块说："你们发现了没？鄯善王最近态度变了，你们不觉得这里面有蹊跷吗？我如果没猜错的话，一定是匈奴使者也到这儿了。"

旁边跟随班超来的人说："那我们怎么办啊？"

"先别急，让我先试探下。"班超说。

班超在鄯善的仆人来给他们斟茶时，问道："匈奴的使者来了几天，他们在哪住？"仆人一听惊得茶都溢了出来。本来鄯善王特意交代过手下不要将匈奴来的事告诉班超，仆人一听班超的话，以为他都知道了，就说："来了三天了，在离这儿三十里地的地方住着。"

班超随即使了个眼色，手下人趁仆人不备，马上上前将他捆绑了，并将他的嘴堵上。安置好仆人，班超给大家开了个紧急会议，班超说："现在大家也看到了，情况危急，我们没来几天，鄯善王就被匈奴收买不到我们这儿来了。如果再不行动，恐怕他要直接将我们捆送给匈奴作见面礼了。"

于是大家商量了一番，决定夜里偷袭匈奴使者。到了半夜，估摸着人们都睡下了，班超带着手下去了匈奴使者的住处。当晚正巧刮起了大风，班超命人各持弓箭躲在匈奴住的地方帐篷的后面，自己则和几个人顺风点火，一时间匈奴使者的帐篷燃烧起熊熊烈火，匈奴使者惊慌失措地从床上滚落下来，班超一马当先，上前杀了匈奴使者。接着班超的随从也奋勇杀了匈奴使者的其他随从。

匈奴使者全被杀，鄯善王见识到了汉朝使者的威猛了，不敢再有二心，立马就俯首称臣，彻底断绝和匈奴的来往。

班超勇猛善战，再次得到汉明帝的封赏和重用后，继续出使西域的其他国家。这次班超还是带着他那36名部将，离开鄯善，又行走了千余里，到达于阗。

于阗王广德因受匈奴的控制，对班超等来使的态度很冷淡。班超正想着如何灭了匈奴，让于阗王俯首称臣，广德听信巫师妖言要杀班超的马让天神泄怒。这明显是对班超等人的挑衅，班超对广德派来取马的人说："马可以给，但须让巫师自己来取"。

巫师高兴地来了，班超上前就抓住他衣领，面露凶色地说道："想要马？把你的头留下！"巫师惊恐，要逃走，却被班超眼疾手快，一刀割掉了头，放入盘中，命人给广德送去。

广德见状，不敢再有所怠慢，当天就命人杀了匈奴使者，向汉朝投降了。

班超继续前行，这次到达了塔里木大沙漠北部的龟兹国，为了快速制服龟兹，班超命手下田虑绑架了龟兹王的亲信人物兜题。

龟兹王没有管兜题的生死，班超把兜题放了回去。这样造成了兜题和龟兹之间的怨恨。同时，窦固驻扎在焉耆地区的军队出事了。公元75年，焉耆大军打败汉军，副都尉郭恂被杀。2000多名将士全军覆没。班超36人瞬间陷入孤立无援的状态，偏偏这时汉明帝又驾崩，班超处境十分艰难。但是班超护国的心依然坚不可摧，始终坚守在抗击匈奴的西域前线。

汉章帝登基后，下令班超回京。由于班超出使西域期间，对人民友好相待，从不滥杀无辜，得到了百姓们的一致爱戴，百姓们一听说他要回京，都强烈要求他留下，于是班超没有回洛阳。

公元78年，为了进一步削弱匈奴的力量，班超率领西域各国联军，进攻新疆姑墨的石城，攻破了城池，杀死了几百人，孤立了龟兹国和焉耆国。

班超给汉章帝写了封信，表示自己愿意长久待在边塞，为维系两方的和平安定而做斗争。汉章帝看后深表感动，在朝上当着众大臣的面读了班超的信，朝下的大臣们也纷纷表示赞同，赞扬班超的确是一位智勇双全的爱国将领，值得在场的各位学习。

于是在公元95年，汉和帝下诏表彰班超的功绩，诏书上班超于哪一年、哪一月平定了哪里，于哪一年、哪一月收服了哪里等都有详细记载，班超征战西域22年来，没有动用中原的一兵一卒，更没有烦扰过边疆人民，就使西域50多个国家俯首称臣，和睦相处，显然付出了很多的心血。

班超和他的部下甘英所做的外交努力，使汉王朝得以和世界建立了友好往来的关系。

汉和帝于公元102年召班超回京，经过了多年的在外漂泊，班超终于回到了洛阳，但那时的班超已经得了胸疾，加上旅途劳累，没过多久就与世长辞，享年71岁。

公元104年，班超奉车都尉窦固出兵攻打匈奴，在军中任假司马一职，假司马官很小，但它是班超文墨生涯转向军旅生活的第一步。班超一到军中，就显示了与众不同的才能。他率兵进击伊吾，战于蒲类海，初入战场就斩俘了很多敌人。窦固很赏识他的军事才干，派他和从事郭恂一起出使西域。

班超，字仲升，扶风郡平陵县人，是徐县县令班彪的小儿子。他有志向，不拘小节，品行良好。汉明帝永平五年，班超的哥哥班固受朝廷征召前往洛阳担任校书郎，他便和母亲一起随从哥哥来到洛阳。因家中贫寒，他常常受官府所雇抄书谋取生路，天长日久，非常辛苦。心情郁闷间，他曾去见一个看相先生，这人对他说，虽然他现在是一个读书人，但日后必将封侯于万里之外。

司马迁写《史记》

除了班固的《汉书》外，另一个能超越它的非司马迁的《史记》莫属。

司马迁这个人，世人皆知，他编写的《史记》是其忍辱负重，用血泪和毅力完成的伟大著作。

说到司马迁也就会说到司马迁为之求情的人李陵；而说到李陵，也就会提到苏武。苏武被匈奴扣留后，汉武帝先是派李广利带兵前去搭救，李广利没有一点实力，靠妹妹的关系当上了将军，名不副实，和匈奴军还没打几回合就感觉敌不过，担心保不住性命，就带着手下的残兵马不停蹄地逃回了长安。

于是汉武帝又命李广的孙子——骑都尉李陵带着五千步兵去迎战匈奴。李陵勇猛善战，深入敌军中心，杀敌过万，但由于没有后援，匈奴军越来越多，李陵的人抵挡不过，汉兵看着没有打胜仗的希望了，于是就以四百多人突围了出去，李陵则无奈被活捉，被迫投降。

李陵投降的消息传入朝中后，大臣们都感觉不可思议，汉武帝更是一怒之下将李陵的全家都抓进了监狱。有的平时就讨厌李陵的人趁机落井下石，在汉武帝面前煽风点火让其治李陵的死罪。这时，司马迁站出来替李陵辩解：李陵投降肯定有他的原因，我们不能这么快就妄下定论，并且李陵带领军队深入敌军内部，斩敌上万，功可抵过。

旁边恨不得早点治罪于李陵的人听到司马迁的辩解，恨得咬牙切齿，忙向汉武帝表明：司马迁和李陵私下关系甚好，当然会向着李陵说话，他是有意偏袒叛国之臣，可治个间接谋反之罪。

恼怒的汉武帝听信谗言，将司马迁也抓进了监狱。

没多久，审讯的结果出来，司马迁替叛臣说话，有意谋反，理当判处宫刑。由于司马迁没钱打理关系，所以就很无奈地接受了宫刑。

受刑后的司马迁变得沉默寡言，对生活失去了信心和勇气，几度想到自杀，回想从前的种种美好生活，司马迁变得更加难过。

作为汉朝太史令司马谈的儿子，他感到自豪。从小受父亲的熏陶和教育，让他对知识充满了渴望。为了当一名像父亲那样优秀的史学家，他20岁就开始游历各地。这些经历使他开阔了视野、增长了见识，为他以后写史提供了良好的素材和打下坚实的基础。

做了汉武帝的侍从官后，司马迁又跟随皇帝巡行各地，游览了好多地方。他的父亲死后，司马迁继承了父亲的职务太史令，这使他搜集和阅览资料的途径就更多了。感觉该准备的资料准备的都差不多了，当他打算写书的时候，却因为替李陵辩护而被下了狱，还受了刑，而且是宫刑。这真的让他无法接受。

痛定思痛，司马迁想到了从前被关在羑里的周文王，想到了周文王的《周易》；又想到了被困在陈蔡的孔子和他的《春秋》；还有屈原遭到放逐时写的《离骚》；左丘明失明时写的《国语》；孙膑被剜掉膝盖骨后写的《兵法》；等等。这些人的著作都是在经历惨痛折磨后完成的，所以他也想像他们一样写一部好书。

有了精神支柱后，司马迁暂时把死丢在了一边，全心贯注开始他的写作。

《史记》这部书从司马迁开始收集整理资料算起到完成，历时40年。书名原叫《太史公传》，后人把它简称为《史记》。这部书包括12篇《本记》、10篇《年表》、8篇《书志》、30篇《世家》、70篇《列传》，共130篇，526500字。

《史记》采用以往不同的纪传体体裁，用人物传记的方式，详细地记述了古代著名人物的事迹，来表示当时历史的发展动态。此外，《史记》叙事生动、文笔优美，在中国历史上享有很高的声誉，被大文豪鲁迅先生称为"史家之绝唱，无韵之离骚"。

出狱后的司马迁也是始终不能从身体残缺的阴影中走出来，虽然担任了中书令，但也是整天愁眉苦脸，郁闷到老。

可以说司马迁是为《史记》而生的，他一生的心血全放在了《史记》上，《史记》对后世有着深远的影响。

除了《史记》，司马迁对天文学也有一定的研究，在两汉时期的星象学家中，司马迁是大家熟知的一个。

在司马迁的《史记》中《天官书》《律书》《历书》篇都曾涉及天文学方面的内容。

司马迁用他史学家独到的眼光，把星象学与历史问题巧妙地结合起来，这是其他星象家和史学家没有过的。

局势分析

司马迁从公元前108年担任太史令后开始阅读、整理史料，准备写作，到公元前93年基本完成全部写作的计划，共经过16年。这一期间，他忍受了肉体和精神上的巨大痛苦和折磨，拿整个生命写成了一部永远闪耀着光辉的伟大著作。归结司马迁写成《史记》的原因大体有两个：一，为完成父亲的遗愿，写一部翔实可信的历史故事。他的父亲司马谈曾任太史令，把修史作为自己的神圣使命，可惜壮志未酬却与世长辞。于是司马迁子承父之志，继任太史令。公元前104年，他开始了《太史公书》及《史记》的写作。二，从小受父亲的影响，热爱读书写作。司马迁10岁开始读古书，学习十分认真，遇到疑难问题，总要反复思考，直到弄明白为止。20 岁那年，从长安出发，到各处游历。后来任职期间又几次同汉武帝出外巡游，到过很多地方。35 岁那年，汉武帝派他出使云南、四川、贵州等地，使他了解到了那里的乡土风情。这些都为他后来写史打下了良好且坚实的基础。

说点局外事

一个人，无论遇到多大的打击与挫折，只要精神不倒，一切都可以继续，但精神是需要支撑的。司马迁之所以能在受宫刑后，发愤著书，就是因为他为自己寻找到了强有力的精神支柱——周文王、孔子、左丘明、孙子、吕不韦和韩非等。最初的司马迁当然不愿意忍受那样的刑罚，悲痛欲绝地想到了自杀。可他又想到，人总有一死，或重于泰山或轻于鸿毛，他觉得如果自己就这样死了，就像牛身上少了一根毛，是毫无价值的。所以他虽然痛苦到了极点，但已没有了怨恨，也没有害怕，他只有一个信念，那就是一定要活下去，把《史记》写完。

王充和"无神论"

王充是活跃在东汉时期的唯物主义无神论者，他崇尚哲学，反对并且批判鬼神或者迷信的观点。这样的举措，在迷信和鬼神思想大肆盛行的东汉无疑是一股强大的力量。

在当时，有很多人都认为，人在死了以后灵魂会幻化成鬼魂，甚至还有人声称自己亲眼见过鬼魂，并对他们的样子进行了描述。

对于这样的言论，王充觉得十分可笑，他反驳说："有人说鬼魂所穿的衣服和人死时穿得衣服相同，难不成衣服也有灵魂，也同人一起幻化成鬼了吗？显而易见，衣服并没有灵魂，所以也根本无法幻化成鬼。如果真的有鬼魂存在，而且有人亲眼见到的话，他所看见的鬼魂应该是赤身裸体才符合逻辑，怎么会穿着和死时相同的衣服呢？"

王充的一番话使鬼神论者哑口无言，找不到任何可以反驳的理由。王充

又继续说道:"几千年的时间里,有无数的人相继死去,可以说,死去的人要比现在活着的人多出几倍甚至十几倍。如果人在死了以后真的会幻化成鬼魂,那么,现在不知道有多少鬼魂在大街上游走了。如果真的有人亲眼见过鬼魂的话,这么多的鬼魂岂不是应该有很多人见过?但是,真正说自己亲眼看见过的人又有几个呢?就算真的见到过,那也只是见到了几个鬼魂而已,那些其他的数量庞大的鬼魂呢?在哪里呢?由此可以判断出,那些说自己亲眼见过鬼魂的人分明是在妖言惑众。"

有人觉得有机可乘,便辩解道:"并不是每个人死后都会幻化成鬼魂,只有那些死前心里充满怨恨或者感到十分冤屈,精神没有散掉的人才能在死后幻化成鬼魂。这一点古书上也有记载,春秋时期夫差命人将伍子胥扔进锅中用开水煮死,然后又将其尸骨投江,使伍子胥含着巨大的怨气而死。死后,他的灵魂幻化成鬼魂,为了抒发心中的怒火和怨气,每年秋天,他的鬼魂都会在江中掀起轩然大波,淹没两岸的土地。"

王充道:"夫差才是伍子胥的仇人,而且夫差很久以前就已经死了,吴国也早已灭亡。夫差一死伍子胥便没有了仇人,那他还会找谁报仇呢?如果伍子胥真的幻化成鬼魂,而且有能力像古书中记载的那样掀起巨大海浪的话,那他在被煮死以后为什么没有马上找夫差报仇呢?按照古书的逻辑,那时候他有足够的能力将锅里的开水泼向夫差,但他为什么偏偏在很多年以后用江水淹没农田呢?"

王充滴水不漏的反驳,对于那些鬼神论者来说无疑是当头棒喝。那些人虽然还想反驳,但是却没有任何能够服众的理由。这时候又有人开始怀疑王充的话,进而对他无神论的观点进行了反驳。

据说,春秋时期的楚惠王有一天在吃酸菜的时候,发现菜里面藏着一只水蛭,他本想马上将水蛭夹出来,但考虑到那样做很可能会让做菜的厨师丧命,于是便假装菜里什么都没有,张口将水蛭和菜一起吃了下去。

晚上楚惠王在排便的时候,不但把吃掉的水蛭排了出来,而且还惊讶地发现自己肚子疼的症状也消失了。但是,肚子不再疼的原因楚惠王一直没有查清楚,大臣们在知道了这件事以后纷纷议论说,这是楚惠王的悲天悯人感动了神明,所以才发功将他肚子疼的症状治好。还说这是"善有善报"的最好证明。

对于这个传说，王充做了充分的解释：人的腹中温度普遍较高，水蛭在被楚惠王吞下以后到了腹部，因为难以适应高温而死亡，死亡的水蛭随着大肠中的粪便排出体外。而楚惠王肚子疼的真正原因是，他的腹部有淤血，而水蛭是一种靠吸血为生的生物，在它死之前已经把楚惠王腹部的淤血全部吸除，所以肚子疼的症状才会消失。这只能算是巧合，并不能说明这是神明的存在，更不能解释"善有善报"。

在当时的封建社会，王充无神论的观点在宣传上是极为困难的。一次，下雨的时候一个人被雷电击中毙命。鬼神论者便大肆宣扬说：这个人之所以会被雷劈死，是由于平日里他做的亏心事太多，天上的雷公和电母两位神仙看不下去，这才将他击死以示惩罚，这便是"恶有恶报"。

为了能一举驳倒他们的观点，王充特意到事发现场进行了详细的观察。他发现死者的头发已经烧焦，而且身上也有多处烧伤，并散发出烧焦的味道。于是他给出了科学的解释：打雷之前先有闪电，我们看到的闪电是一道光，但其实它是高速运行的火。这样分析来看，雷其实就是天火，被雷击中的人是被天火烧死的。天上并不存在雷公和电母，这件事也并不能证明"恶有恶报"。

虽然王充当时做出的解释和科学的解释并不完全一致，但是在科学技术极为落后的古代，王充能有这样的认识已经是非常超前的了。

局势分析

王充在文学方面的理论观点，在《论衡》一书中的二十多篇文章里都有所体现。他的理论观点所涉及的方面十分广泛，进行概括的话主要体现在以下几个方面：

第一，王充认为，好的文章必须要有所作为，要对社会有一定的益处，用一句话来总结这个观点就是"文章要为世所用"。仔细研究这个观点，可以将其分为两层意思。第一层意思指的是，文章要有劝解世人向善的作用，教化世人消除心中一切行恶的念头；第二层意思指的是，文章要歌颂统治者的功劳，起到歌功颂德的作用。

可以说，王充的这一观点在当时有着极大的劝诫意义，尤其对于那些信伪迷真以及皓首穷经的人来说更具指导意义。但不可否认的是，他的这一观点中也存在一些片面，甚至迂腐的看法。

第二，王充对文章的形式和内容之间的关系进行了研究，认为两者之间的关系是相辅相成的，不能脱离对方而独立存在，否则无法衬托出另一方的特色，就好像红花和绿叶一样。

如果将形式和内容两者进行对比的话，内容的作用相对较大，它所具有的决定性和主导作用是形式所无法撼动的。如果只注重形式而忽略内容，那么，无论文章的架构多么严谨或者多么新颖，都无法长时间地吸引读者阅读。

对于这一点，王充也在名为《定贤》的文章中写道："文丽而务巨，言眇而趋深，然而不能处定是非，辩然否之实。虽文如锦绣，深如河、汉，民不觉知是非之分，无益于弥为崇实之化。"由此可见，他是极力主张文章应该更侧重于内容的表述的。

虽然王充重视内容，但这并不表示完全不重视形式，而是在两者并重的同时稍微侧重于内容。因为，他认为，文章只有内容丰富才算成功，所以，写文章时在形式和内容兼备的前提下应多注意内容的表述。

第三，王充对文学的真实性进行了充分的强调，在《论衡》一书中淋漓尽致地体现出来。全书以"疾虚妄""务实诚"为主要观点，贯穿全书始末，是王充文学理论最基本的核心之一。

除此之外，王充创作《论衡》一书的根本目的便是要强调文学的真实性。所以，在名为《对作》的文章中，王充对求真的思想进行了强调，他写道："是故《论衡》之造也，起众书并失实，虚妄之言胜真美也。""浮妄虚伪，没夺正是，心愤涌，笔手扰，安能不论？"

王充的这些求真务实、提倡真美、反对虚假妄想的现实主义文学思想，对当时社会上盛行的鬼神和迷信等迂腐观点，以及腐败的社会风气来说，是一个充满力量的挑战。为了坚持自己的观点，证明鬼神思想的错误性，王充敢于向孔子、孟子等圣人的思想提出疑问，这种勇气是非常值得后世人敬仰和学习的。

说点局外事

在对王充的评价上，清代学者和现代学者的观点有很大出入。在清代学者看来，王充算不上是一个孝子。

说王充不是一个孝子，首先体现在他在陈述自己父辈的劣迹上。在他的陈述中我们不难发现，王充的父辈，甚至再往上几辈人在乡里横行霸道，仗着有些权势就随意欺压乡邻，甚至还时不时犯一些命案，可以说是乡里的一方恶霸。不但人缘很差而且还和很多人结怨。因为害怕仇家联合起来找上门报仇，所以王充的先辈们不得不多次搬家。

从现代人的角度来看，王充对于自己的家世是本着实事求是的态度表述的，并没有因为害怕家丑暴露而选择隐瞒。但是在当时的封建社会环境下，人们受"臣为君讳、子为父讳"思想的影响，将王充的这种做法看作是不孝的举动也不足为奇。

在唐代，著名史学家刘知几在他的著作中就这样批评王充说："王充《论衡》之《自纪》也，述其父祖不肖，为州闾所鄙……夫自叙而言家世，固当以扬名显亲为主，苟无其人，阙之可也。"在清代，王充同样受到了享誉一时的学者钱大昕的批评，他说："《自纪》之作，訾毁先人。"

从现代人思考问题的角度来看待王充当时的做法就会发现，其实王充那样表述自己的家世并不奇怪。因为在王充的大脑里，孝的意识并不深刻。人们的思想中之所以会有孝这种观念，源于感激父母的养育之恩。但是在王充的大脑里并没有养育之恩的概念，他认为自己降临在这个世上完全是父母性冲动的结果，而抚养他长大只是父母应尽的一项责任。

虽然王充的观点在某些方面存在一定道理，但是将父母的养育完全看作对性欲的满足，存在较多偏激的成分。主观压制客观占据重要成分，便很难有孝的观念出现。所以，从这一点上来说，也就容易理解为什么王充在言论上有些诋毁自己的祖辈了。

第六章　大汉谢幕

张角的崛起

汉朝后期，君主对于国家的统治力日渐衰弱，宦官和外戚的威势此消彼长，成了两股真正控制朝廷政权的幕后霸主。

汉和帝之后，东汉后期的皇帝几乎都是短命的君主，他们大多幼年即位，不到青年就殒命宫中。于是，在官宦与外戚的控制下，东汉后期日渐腐朽。想也知道，这些人本没有好的政见去复兴国家，反而为了一己私利贪财受贿，故而搞得举国上下民不聊生。

民怨迭起并没有唤醒朝廷对此的重视，反而让各方豪绅趁机大兴送礼之道，凡是有朝廷官员撑腰的人，都借机圈地敛财，官商勾结，致使众多百姓流离失所，沦为奴隶。在当时，贫富差距到了十分极端化的地步，有钱的锦衣玉食、腰缠万贯，没钱的一贫如洗、身无分文。在如此大势之下，东汉朝廷也并没有间断对少数民族羌族的武力，光军费耗资就多达400多亿。地主们把百姓的田地都给兼并了，而无能的皇帝向这些地主们要钱也没戏，于是没有任何地位的百姓们承担了所有的沉重负担。

为了凑钱，昏庸的汉灵帝刘宏在西园公开卖官受爵，这直接导致朝廷官员更换频繁，上任后的官员都知道自己不会在岗位上待长久，于是疯狂搜刮民脂，再加上自然灾害，整个社会出现了一种畸形的病态：田野空、朝廷空、仓库空。全国饿死的人无数，老百姓已经到了实在无法忍受的地步，于是人们纷纷起来造反，想通过自己的行动改变社会的状况。

有关资料显示，从汉安帝到汉灵帝的八十余年间，大大小小的农民起义就达上百次。起义的人数从数千到几万不等。起义后有的还将火苗延续了十余年，这给朝廷造成了沉重的打击，但这些起义还不足以动摇东汉的根基，因为军权一直被宦官和外戚这两大块铁板所掌握，只要军权一日还在他们手上，国家这个巨大机器就不会停止运作。

就在这时，出现了一个叫张角的人物，他会给这个社会带来什么呢？我们继续往下看。

张角，又被人称作天宫将军或太贤良师，出生在巨鹿（今河北省邢台市平乡），东汉末年农民起义军"黄巾军"的首领、太平道的创始人。

他出生在一个穷人家庭，未起义前是个无名小卒，但和同龄人不同的是，别人学诗文，他玩剑，剑的上面还覆一张纸，玩时嘴里还念叨一些什么，像个道士似的。这种个性很快就被人发现了，于是张角在当地有了些小名气。

后来，张角成立了一个组织，名曰太平道，自称"大贤良师"，四处游走，传道治病。

他每次给人看完病都不收钱，深受大家的尊敬和爱戴，名气在短时间之内得到了飙升，再加上他自己的刻意宣传，太平道的名气愈来愈大，信仰的人也越来越多，教徒遍布全国各地。

起初，张角或许并没有谋反之心，但看着自己的势力越来越大，就决定干一番事业，他心一横就把全国的教徒都组织起来，多的地方人数上万，少的地方人数也有六七千。每个地方设管理者，自己则是大管理者。

俗话说"若想人不知，除非己莫为"，私下活动虽然隐秘，但还是被朝中一个叫司徒杨赐的知道了。杨赐知道张角的势力，更知道自己人微言轻，但为了国家的利益，他还是选择了上书汉灵帝，希望朝廷派人诛杀太平道那些头领，以免后患无穷。

当时全国上下一片混乱，昏庸的皇帝怎么能听得进去忠臣良言，只是稍微意思了一下，形式上派了些人去围剿。这并没有造成太平道的多大损失，反而更加助长了太平道教徒的起义之心。

张角这时也意识到了来自朝廷的威胁，于是开始四处散播谣言，宣扬"苍天已死，黄天当立"，意在鼓舞人民起来造反。

这场起义终于在光合七年（公元184年）初爆发了。张角提前对全国太平

道的教众发出了起义宣言，并于当天在洛阳号令所有起义军头上戴黄巾作为标致。这就是传说中的黄巾起义。

马元义是这次在洛阳起事的头领，也是张角手下的一名大帅。马元义早年间便开始在洛阳城内活动，宫里的宦官还有禁军里面都有他认识的人，他们联起手来起义。可无奈张角用人不行，被派去洛阳做内应的唐周所出卖。

宫里忙着互掐的宦官和外戚一听说起义的事，全都慌了起来。但他们不傻，他们分得清孰轻孰重，于是在第一时间联合起来，对抗起义军。他们派军将洛阳城团团围住，被捕的洛阳大帅马元义惨遭车裂。同时，朝廷下令逮捕张角及他的一帮弟兄，由于张角提前得到了消息，急中生智派人飞马传书，把起义的时间提前了，霎时间太平道教众一拥而上，攻城拔寨，占领了城池。

张角的起义一打响，没有几天的时间，就传遍了大江南北。一下子出名了，举国上下一片欢动，各地响应号召，纷纷揭竿而起。京师瞬间乱成了一锅粥。汉灵帝知道后，惊慌失措地问身边宦官大臣该如何是好，平时颇有权术的宦官们面对已经大乱的天下，也是无能为力，纷纷摇头，最后武将们不得不站了出来，出谋划策。

汉灵帝急忙派各路精兵猛将前往洛阳城外镇守，铲除黄巾军，此去前往的人里有皇甫嵩、卢植等将军。

光凭朝廷现有的兵力，显然是打不退波涛汹涌的起义浪潮的。各地的豪强地主一看形势不妙，为了保护自身利益赶紧加入了抗击起义军的队伍，这里面著名的几个人有袁绍、曹操、刘备、公孙瓒、孙坚等。

黄巾军人数之多，声势之浩大，就像蚂蚁一样遍布了全国各地，被当时的朝廷称为"蚁贼"。

张角统领的分散各地的三十六方渠帅，虽然在自己所在的地方单独作战，但是捷报频传，起义军的人数也在不断增长中。

在朝廷军和起义军决战的第一轮，朝廷军以失败告终。朱儁军大败撤退，皇甫嵩为了保住朱儁军残余的力量，于是和他一起驻守在长社，却没想被波才率领的大军所围困，无法出去。

在这种对起义军有利的情况下，各地的农民们也自发组成了自己的黄巾军，进行着小型的起义。因此放眼望去，全国各地到处都飘扬着起义的旗帜。

张角起义取得的这些胜利，都只是暂时的。农民本就缺乏专业的战斗训练。同时，起义军又没有协同起来作战、指挥系统不够完善等一系列问题随着时间的推移都逐渐暴露了出来，时间越久问题也就越多。

最初皇甫嵩用计火攻围城的黄巾军，顺利突围了出去，然后皇甫嵩又与曹操带领的援军合伙抗击黄巾军，反败为胜。这一仗黄巾军死伤众多，汉军胜利而归。此后黄巾军的帐篷外不断传来凶讯。一两次凶讯还可以，次数多了，张角实在受不了了，生气、愤怒，又想不到解决的好办法，这种状态持续久了就病倒在了军营中。

朝廷得知张角生病的消息后，认为这是攻击黄巾军的最佳时机，于是反击战正式拉开帷幕。南阳作为黄巾军的一个重要据点，自然成了朝廷军攻击的首要地段。朱儁领兵进军南阳，其间各方主力都汇聚于此，这场仗打了好久，胜负难分。而在宛城的争夺战中，朱儁军三次入城，三次都被打退在外。在车战的对抗中黄巾军又死伤无数，宛城终于失守。黄巾军不得不逃，往哪儿逃呢？他们的第一站是向着精山（河南南阳北）退守。在追与跑的过程中，黄巾军的主力死伤殆尽，此时在冀州还生着病的张角听到这个消息后，一气之下，命丧黄泉。

张角死后，他的弟弟张梁接替了他的位置。张梁带着黄巾军的残部在广宗坚持抗战，不料在十月就被皇甫嵩率军偷袭，当场毙命。

在这次战斗中，有数万人被杀，五万余人溺水身亡，被俘的将士多达十万。黄巾军前任首领张角惨遭开棺戮尸。

就这样，黄巾军的主力军队只剩下张角另一个弟弟张宝了，但张宝也没能坚持多久，在随后的围剿中，兵败曲阳，当场身亡。接着十余万黄巾军又被杀害。自此黄巾军主力全无，朝廷军取得了胜利。

虽然黄巾军失败了，但这次起义波及面太广。黄巾军的主力虽然没了，但剩下的一些残部和各地的农民武装仍在坚持抗战。坚持最久的要数济南的黄巾军，甚至到建安十二年（公元207年），还攻入了济南，杀掉了济南王。但人数所剩无几，显然难成气候。

由张角领导的黄巾军起义，自汉灵帝中平元年（公元184年）开始，一直延续至汉献帝所在的初平三年（公元192年），历经了二十多年的英勇抗战，以失败告终。

本来就腐朽不堪的东汉王朝经此次大战的折腾后，就变得土崩瓦解，彻底名存实亡。

黄巾军的主力虽然被销毁，但小股的军队力量还存在，瓦解的东汉王朝已经无力再抵抗，只是由在外掌握兵权的将军各守一方，扑杀起义军，割据的局面已经浮出水面。

局势分析

俗话说"哪里有压迫哪里就会有反抗"，黄巾起义就是农民对朝廷的统治和国家的混乱忍无可忍才爆发的行动。历来就是如此，统治阶级的过度压迫必然导致被统治阶级的反抗，若都能变成贞观之治或康乾盛世，也就没有这么多朝代的兴替了。

张角的起义为何会失败呢？

首先，张角的军队是一支以农民为主体的杂牌军。

张角起初是通过给百姓们看病不收钱的义举而得到拥戴的，支持他的也大多是些手无寸铁的农民，他们都没有经过专业的训练和实战，缺乏战斗经验。此外没有统一的领导，起义军各自为战。采用集中军力攻城的方式，兵力都消耗殆尽时，也就失败了。

其次，统治阶级及时站在同一战线。

张角崛起时的统治阶级是非常矛盾的，他们一边内讧，一边排外，忙得不可开交。正印证了那句话："世上没有绝对的朋友和敌人，是利益将大家聚在了一起。"宦官和外戚大臣在朝中争得不分上下、脸红脖子粗的时候，一听说外面有人兴兵造反，马上就站在了同一条战线上，维护他们的封建统治地位；而当战乱平复后，又开始了他们之间的明争暗斗。也正是因为他们及时地站在了一起，才没能让张角的势力发展下去。

张角的起义是偶然中的必然。或许一开始他并没有起义的想法，但看到自己的势力和力量不断壮大时，也就有了更高的目标。当然，就算没有张角，也会有其他的人起义反抗。因为官逼民反，人的承受能力都是有限的，皇帝如舟，百姓如水，水可载舟，亦可覆舟。当朝廷的决策和作为让百姓实在承受不了时，必然会有一个人站起来带头反抗。

而恰好，在那个时代，站出来的"英雄"叫张角。

说点局外事

虽然朝廷昏庸无能，但也不乏忠臣良将，皇甫嵩就是其中一个。

皇甫嵩是一个不可多得的忠臣良将，在任期间，上表陈辞、提出建议多达五百多次，每次都是自己亲笔书写。提交上去后，焚烧草稿，不让它泄露出去。

他善待部下，在外打仗时，他总是先等着将士们吃完了，自己再去吃。有一次他发现有部下收取贿赂，他不但没有批评惩罚，而是又给了部下一些钱财，这让部下感觉非常惭愧。

在抗击黄巾军的起义中，皇甫嵩更是表现出有勇有谋的一面，大败黄巾军。

十常侍与何进、袁绍军团的碰撞

汉灵帝在位时，宦官的势力最为强大，为首的太监张让、赵忠等十二名宦官为非作歹，买官鬻爵，因为他们都居常侍之位，所以人们将他们称为"十常侍"。

"十常侍"仗着皇帝的宠信，无恶不作，这激起了众多朝臣的不满。然而，年轻的汉灵帝并没有将众人的反对情绪放在眼里，反而任由十常侍呼风唤雨。

令众人没有想到的是，年轻的皇帝在中平元年（公元 189 年），也就是他 34 岁的时候就早早归西，他留下的不仅有宦官与外戚无尽的斗争，还有千疮百孔的大汉江山。皇帝驾崩，宦官与外戚的斗争日渐激烈，甚至隐隐有由暗转明的趋势。

汉灵帝死后不久，他的长子 14 岁的刘辩于公元 189 年即位，是为汉少帝。刘辩既是幸运的，因为他出生在皇家并且当了皇帝；也是不幸的，由于

父亲的昏庸无能，他生下来就如傀儡一般，很快便自刎而亡。

按照当时的惯例，刘辩的母亲何太后接下儿子的政权，而女人家对于国事又不太懂，所以就听取自己母家的建议，而何太后的哥哥正是为汉灵帝镇守洛阳的大将军何进，因此外戚的势力再一次占了上风。

在刘辩即位之初还发生过一件事，大太监蹇硕想杀掉何进，另立汉灵帝的儿子刘协为帝，但最终计划失败。等刘辩即位后，何进做的第一件事就是带兵入宫，杀了蹇硕。

事实上何进杀蹇硕，更多是为了却个人恩怨，并非是想清剿宦官，宦官、外戚两方经过多年的争斗，已形成了一种纠缠不清的利益关系，甚至谁也离不开谁。但何进杀蹇硕的事却让一些人产生了误会，比如何进手下的中军校尉袁绍就误会了何进的做法。

袁绍出身名门世家，祖祖辈辈几代人都在朝中当官，而且门生也不少，所以在朝里比较有威望，势力也强大。

袁绍在知道何进杀掉了蹇硕后就找到何进，劝说他把宦官势力全部清理掉，并用以往人们被宦官所害的例子来增加说服力，并说道："现在何将军你执掌兵权，替天下除害，为百姓谋福。这多好的机会，可不能错过啊！"

何进不会因为袁绍的一句话就去和宦官们硬碰，但又看在袁绍的家族势力上，不好拒绝，就婉言道："如今的天下乱成这个样子，已不能再折腾了。"

袁家人世代在官场混，自然明白官场上的一些套话。袁绍认为：别看何进表面上说得这么义正词言，无非是他认为没有足够多的利益可捞罢了。

于是袁绍又说："将军如果除掉了宦官，相当于为朝廷除去了一大祸患，以后这天下不就是你我二人的了吗？"

何进一听，觉得有道理，思索了一会儿，有些心动。

袁绍感觉有戏，连忙继续游说，夸得何进心花怒放，仿佛上上下下几千年的成就都是他一个人的。人人都爱听好听的话，这何进更是，袁绍的几句"甜言蜜语"，就让何进爽口答应了除去宦官势力。

何进虽然答应了袁绍，但事前还是要同自己妹妹商量一下。不料何太后死活不同意，何进无奈，但他的心已经被袁绍说得蠢蠢欲动了。他找到袁绍说了此事，袁绍想了想，建议他以清君侧的名义，召集各地兵马，等人都在洛阳聚齐后，就发动兵变，到时木已成舟，何太后看在眼里也不能多说什么了。何进感觉此计听起来不错的样子，可以尝试下，于是就开始召集各路兵马前来洛阳城聚合。

在谋划计策时，何进的几个心腹也在场，其中有个叫陈琳的主簿在听到两个人的密谋后，忙反对道："将军手下本就有许多精兵猛将，对付几个宦官完全是绰绰有余的事，为何还要引外兵进入，万一到时出现了什么差错，该如何是好。"

此时的何进和袁绍已经陷入了除掉宦官、独揽大权，一统天下的美好愿望中，尽管陈琳的话很有道理，但他们已经听不进去。商量完此事，何进就开始考虑，让哪个人的兵马来最可靠，他最先想到的是董卓，因为董卓在配合官军围剿黄巾军时成绩表现比较突出，于是董卓发迹的人生就此拉开了序幕。

董卓字仲颖，陇西临洮（今甘肃省岷县）人。东汉末年少帝、献帝时权臣，凉州军阀。官至太师，封郿侯。何进选董卓的另一个原因是他所处的山西大部及内蒙古，地域辽阔且兵力雄厚，何进想找他准没错，于是马上叫人给董卓写了封信，让他迅速带兵进城，写好后连夜飞马传了出去。

俗话说"没有不透风的墙"，就在何进紧急密谋行动时，宫里的太监不知道从哪听到了何进要对付他们的消息，为首太监张让当然不会坐着等死，想当年汉灵帝的权力还是他们从窦太后那里争过来的。于是张让决定先发制人，他假借太后的旨意，命何进进宫叙谈，何进也没有多想，就去了，谁知道这一去再也回不来了，刚入宫就被埋伏的一帮太监们用剑杀死在嘉德殿门前。

知道何进被杀的消息后，宫外的袁绍急了，没等宦官找上门，何进就命袁绍的弟弟袁术去攻打皇宫，由于太监们在里面早有准备，袁术久攻城门不下，一怒之下放火把皇宫的大门给烧了，大批人马通过烧坏的门涌进了皇宫，见一个宦官杀一个，也不管是不是太监，只要看到没留胡须的就杀无赦，所以错杀的人就有上千。

许多人都倒在了血泊之中。大太监及手下的小太监都被乱刀砍死，一瞬间宫墙内血流成河，惨叫声不断。

被杀的太监都是些无关紧要的人，真正有权的一直护在小皇帝身边，相

安无事。两方人马旗鼓相当，僵持不下，最后还是皇室出面喊停，两方才停止战斗。经过了这场拼杀，以袁绍为首的外戚和以张让为首的宦官关系越来越紧张，谁也没占到谁便宜，谁也没吃亏。正在双方僵持不下的时候，出现了一个他们都想不到的局面，被何进召来的董卓带兵进入了洛阳城。

作为凉州的一方豪强，董卓是个说一不二的人，喜欢拉帮结派。抗击黄巾军那会儿，董卓立了一些功劳，因此得以升迁为并州牧。

董卓亦是个有野心的人，但起初鉴于何进和宦官两大势力的存在，他也不敢擅自妄动，这次为了讨功，接到何进的书信后带着三千人马就马不停蹄地赶过来了。

一到洛阳城的董卓惊讶了，上司突然间死了，而宦官们也被袁绍给打惨了，他琢磨着想把洛阳的军政大权弄到手，可仔细一想，又不对，自己这次出来带的人马太少了，不足以让洛阳的一帮官兵信服，得想个办法才是。于是，他一边从并州调兵，一边又连夜将进城的人马给悄悄送出去。次日，又让这些军队进来，这样来来回回好几次，无非是虚张声势，给人制造一种假象。洛阳城的人看到后也搞不清董卓到底带了多少人马过来，那些本来属于何进麾下的军士看到董卓势力之庞大，纷纷投靠过来。洛阳的兵权因此全掌握在了董卓的手上。

这时已经 15 岁的汉少帝按照当时的规定，就快行加冠礼亲政了，董卓却为了一己私利，不顾袁绍及众大臣的反对毅然废了汉少帝。汉少帝成了东汉历史上第一个被废的帝王。

废了汉少帝，董卓把少帝的弟弟——陈留王刘协推上了皇位，是汉献帝，而又给自己封了个相国。

上位之后，整个朝廷被董卓搞得像一个军营，他说一不二的性格让大臣们敢怒不敢言，胆敢有不从者，一律杀。上演着"顺我者昌，逆我者亡"的戏码。

为了彻底清除后患，董卓在汉少帝被废不久，就私下派人给废帝刘辩送去了毒酒，逼得 15 岁的汉少帝自杀身亡。

这些都还不算什么，更甚的是董卓作为一个粗人，对治理国家本就一窍不通，对于手下又疏于管教，把整个洛阳城搞得鸡犬不宁。

某天，洛阳城附近的阳城举行庙会，好多人都来赶集，突然间董卓的一支军队冲过来，吓坏了在场的老百姓，他们野蛮至极，见到漂亮女子就抓，见到货物就抢，和强盗土匪差不多，整个繁华街市一瞬间被他们洗劫而空。

最后，这些凉州军满载而归，欢声笑语地出了阳城，一路上还高呼董卓万岁，回到了洛阳城，对外言称是打了胜仗回来的。董卓这帮人把整个洛阳城搞得乌烟瘴气。有些有远见的大臣知道他嚣张不了多久，就离开了洛阳。当时，任洛阳典军校尉的曹操就是其中之一。

袁绍知道自己因为不愿废黜汉少帝而得罪了董卓，又是何进的旧臣，在朝中素有声誉，担心他迟早不会放过自己，于是也逃出了洛阳。

而外将董卓就完全拥有了处在洛阳城的东汉朝廷。

局势分析

当时的朝廷即位的都是年幼的皇帝，皇帝小，掌管不了朝政，于是就由太后代理朝政，而太后则找自己的弟兄帮忙，这样国家权利就掌握在外戚手里。等皇帝长大了些，发现自己总受外戚的安排和摆布，想为自己争取些权力，他就想到找宦官帮忙，宦官就和外戚开始了无尽的斗争。其中以何进为代表的外戚势力最为强大，当他和宦官们闹得最凶时，叫上了朝外军阀势力比较强大的董卓，于是董卓就登上了朝廷的舞台，坐拥一席之地，称王称霸。董卓的发迹也是靠机会和运气的，如果当初围剿黄巾军时，他表现不突出，何进在遇到事时也不会想到让他帮忙，这就是机会；如果何进当初听从陈琳的建议，不引外兵进入，也就不会有后来的"螳螂捕蝉，黄雀在后"的局面了。

说点局外事

在黄巾起义时，何进还表现得可圈可点，先在中平元年破获马元义密谋在洛阳的起兵。也曾保举卢植、朱儁、皇甫嵩等平叛，并在中平六年汉灵帝驾崩后拥立汉少帝刘辩等，却在对待宦官专权一事上，表现出笨拙的一面，

他对曹操提出的对付宦官只需斩杀宦官头领的建议置之不理，对陈琳的劝告也不听，却招外臣董卓进京，为汉朝的覆灭埋下了隐患。他自己还没有来得及见到董卓就被张让等诛杀在嘉德殿前，张让等人又被袁绍率领的人几乎杀尽，这为董卓乱政创造了良好的前提条件，为汉王朝敲响了丧钟。

董卓之乱

董卓成了东汉的霸主后，将文武百官玩弄于股掌之间，狂妄自大，威震八方。而太子也成了傀儡。

有一次，董卓召集文武大臣上朝议事，大家嘀咕着会有啥事。他开心地大笑着道："今天我要让各位看一场好戏。"正当大家都充满疑惑时，他一拍手，手下将士就带来了几个俘虏，董卓当即命令把他们的舌头割掉，手剁下，瞬间大殿变成了一个屠宰场。

在场的文武官员都吓坏了，有的正拿筷子的手也吓得不停地哆嗦，而董卓却一副淡定的模样，悠然地饮着酒。

他这样粗鲁残暴，人们都看在眼里，伺机拉他下马，于是在初平元年（公元 190 年），袁绍带领了十几万军马赶往洛阳城，此外别的一些忠臣良士也加入到消灭董卓的队伍。

董卓听到各地要讨伐他的消息，不免有些担心，就让部下带着汉献帝和一帮人从洛阳转移到了长安，而自己驻守在洛阳和袁绍对战，为了断了迁移到长安的那些人的念想，他放火烧了洛阳城。

袁绍等人看到火光后，沿路寻来，与董卓发生了正面冲突，双方打得十分激烈，一时间不分上下。正在这时，一人飞奔向袁绍报告："就在前面不远处发现了董卓的一支军队，但现已被铲除！"正和袁绍打得激烈的董卓一听，寻思着是不是走了的汉献帝他们，袁绍见董卓停止了进攻，瞬间以利剑刺其喉，董卓差点一命呜呼。就在关键时刻，一个彪悍猛将护主心切，飞奔赶来，和袁绍拼杀起来，由于董卓身边的将士已被杀得所剩无几，最终还是难敌袁绍等人。那猛将也负了重伤，董卓见势不妙，转身就逃。袁绍欲追，身边将士说了一句："穷寇莫追。"

当晚，袁绍及手下众将畅饮，祝贺讨伐董卓之战的胜利。董卓回到长安，越想越窝火：你们这些人不是憎恨我凶猛残暴吗，那我就让你们看看真正的残暴。

他开始大肆兴建土木，把房屋建造成皇宫的样子，全然不把皇帝当回事，更不把朝臣放在眼里。宫殿修建好后，他将屋子装满了金银财宝，还命文武百官每次经过他宫殿时都要下拜参敬。看着建好的宫殿，董卓满心欢喜，很有成就感的样子，寻思着现在权也有了，钱也有了，还差什么呢？对，自己现在飞黄腾达了，当然不能忘了身边那帮同甘共苦的人，于是把他的七大姑八大姨还有原来一起混的哥们儿，都封了官晋了爵，同时还赐给他们良田和豪宅，甚至连亲戚家的孩子也加了封号。

做完这些，他觉得还不够，便把自己的名号也改了，一下子从相国变成太师，将以前皇帝的权力都尽归自己所有。

大家都明白董卓无非是想取皇帝而代之，但都无能为力，眼睁睁地看着他一次次的胡作非为，越发野蛮残暴，整天只会杀杀杀，所以以老臣司徒王允为首的一些仁人志士，早就看他不顺眼了，想除掉他，但鉴于他那粗鲁彪悍的样子，人们也不敢轻举妄动，决定智取。

董卓虽然势力强大，无人能敌，但亏心事做多了他内心也不是不怕死的，权力越大，财富越多，他就越担心失去，所以他出入宫门或殿堂前，身边总要带两名比他更勇猛的武士，而这其中一武士就是吕布。

吕布（公元151—公元198年），字奉先，五原（今内蒙古包头市）人。三国时代的著名武将。吕布骁勇善战，但几易忠心。在民间被人评价为"人中吕布，马中赤兔""三姓家奴"。

吕布原是并州刺史丁原的部下，董卓进洛阳时，丁原正好带兵驻守洛阳。丁原也算是够倒霉的，偏偏撞见董卓这个杀人不眨眼的暴徒，董卓为了独揽洛阳的大权，收买了丁原手下的吕布，并派吕布去杀掉丁原。吕布本是个唯利是图的人，这么好的机会，他怎么能错过呢？杀掉丁原后，他立马投靠了董卓。董卓认他做了干儿子，并且每次出行都要带上吕布。

司徒王允想到董卓不好对付，俗话说家贼难防，就想从他身边的人下手，利用他的亲信除掉他，事情应该会好办些。于是他想到了吕布，他的计划从和吕布做朋友开始，取得吕布的信任，并且通过平时的交谈，进一步了解他和董卓的关系，以便找到个突破口。在聊天中他得知吕布和董卓的关系并非人们看到的那么好，有一次吕布说话顶撞了董卓，差点被他利器所伤，最后还是吕布主动道歉，这事才算完。吕布虽然道歉了但一直怀恨在心，司徒王允看出来了，于是借机说道："董卓残暴昏庸，不会长久的，你现在如果和我们一起除掉他，以后皇帝定会器重你。"吕布开始不答应，后来听了王允的一番话感觉还挺有道理的，于是就答应了帮助王允完成计划。

初平三年（公元192年），汉献帝病后痊愈，所有的大臣前去祝贺，董卓也来到了长安，刚进门就被早先埋伏好的侍卫用剑刺了过来，但由于他有铁甲护身而没当场致命，惊呼"吕布何在"。吕布过来，说是奉旨讨伐逆贼董卓，董卓瞬间心凉了大半截，吕布趁机以剑封其喉，至此董卓的人生就画上了一个句号。

董卓一死，普天同庆。司徒王允和汉献帝也天真地以为天下真的就是自己的了，正想昭告天下，却没想到董卓的部将李傕和郭汜已经带兵打入了长安。

结果汉献帝被囚禁宫中，司徒王允被处死，而吕布早就逃走了。长安城再次落入西凉军的手中。

三年过后，也就是兴平二年（公元195年），李傕和郭汜因利益的问题，发生冲突，趁着他们内乱时，汉献帝在外戚董承的协助下，跟着几个大臣逃出长安，回到故都洛阳。

此时的洛阳早已是一片废墟，汉献帝没房子居住，就和大臣挤在同一间破旧的小屋中，其他的人则在废墟中搭建起草棚遮阳避雨。

他们都不再是朝臣官员了，为了充饥只好挖野菜，扯树皮。有的大臣受不了这苦，就一命归西了。

汉献帝以为大家都还把他当皇帝，就命人给他们送食物，然而大家都忙着争抢地盘，没人顾得上管他。就在他绝望之时，在许都的曹操听到了汉献帝的遭遇，便忙召集谋士商量此事。

曹操也像董卓一样，在抗击黄巾军中树立威望。因在抗击兖州黄巾军战中有功，之后在兖州建立了自己的根据地，后又打败陶谦和吕布，这才成为了一方霸主。

一谋臣给曹操提了建议：今天下百姓只认天子，我们若此时迎回皇帝，就相当于赢得了天下百姓的认可。目前各方势力还不明白这个道理，我们要先他们一步。

曹操认为的确如此，就亲自率兵将汉献帝和一帮大臣接到许昌。

建安元年（公元196年），东汉将临时的都城定在许昌，政权逐渐落于曹操手中。

局势分析

分析董卓得到江山却守不住的原因，要从他的出生背景说起。

董卓出生于地方豪强家庭，自小就过着养尊处优的生活，少年时期便养成了一种放纵任性、粗鲁凶狠的性格。长大后的他体魄健壮，力气过人，还通晓武艺，能在奔驰的骏马上左右驰射，当地的人都对他畏惧三分。他常常到羌人居住的地方游玩，依仗地主豪强的出身和富足的资产，广泛结交豪侠义士，在羌人中培植亲信。因此后来他的部众，或是与主帅相同为羌胡化的汉人，或根本就是少数民族的人。这种文化结构使董卓缺乏足够的统治权术。董卓统率部众，行之有效的方式是实行军法。而后他又把这套军法搬到了朝廷，动不动就用武。这种方法用来治军还可以，拿来理政，显然不行。

说点局外事

建安元年（公元196年），袁术派大将纪灵带领三万多人马征讨刘备，刘备向吕布求援。吕布手下将领说："将军您不是一直想除掉刘备吗？现在正好可以借袁术的手除掉他。"吕布说："没有你想的那么简单，袁术如果占据了小沛，就会联合北面泰山一带的部队来抗击我们，我不能不去救刘备。"于是吕布带领步兵千人、骑兵二百，飞速赶到了小沛。纪灵等人听说吕布前来援救刘备，只好收兵，不敢轻举妄动。吕布在离小沛西南一里的地方扎下了营寨，派卫士去请纪灵等将领喝酒。席间，吕布对纪灵等人说："玄德，是我的

贤弟,如今他被诸位所围,我特意来救他。我吕布平生不爱看别人争斗,只喜欢替别人解围。"吕布命门候在营门中竖起一支戟,说:"诸位看我射戟上的小支,如一发射中,请诸君立即停止进攻,离开这里;如射不中,那你们就留下与刘备决一死战。"他随即引弓向戟射出一箭,正好中了小支。诸将大为震惊,夸赞说:"将军您真是有天神般的威力啊!"至此,纪灵撤回了对刘备的围攻。

三国鼎立,大汉谢幕

曹操,字孟德,沛国谯(今安徽亳州)人,其父曹嵩是汉桓帝时宦官曹腾的养子。因自幼聪慧,加之政治上有靠山,20岁即任洛阳北部尉、顿丘令。后因事免官。不久,因参与镇压黄巾起义有功,迁济南相,旋改任东郡太守。曹操数次任官,皆能抑制豪强,罢斥贪官,留下较好的政声。汉灵帝末年,任西园八校尉之一的典军校尉。汉灵帝死后,对董卓专权不满,遂"变异姓名,间行东归"。回乡后变卖家产,组织起五千人的队伍,参与了以袁绍为盟主的讨伐董卓的军事行动。初平二年(公元191年),曹操在东郡(今河南濮阳)击溃河北黑山军,被袁绍任命为东郡太守,继而任兖州牧,击破青州黄巾军,收其众百余万口,从中挑选精锐30万,编为"青州兵",成为曹操后来东征西讨的重要军事力量。尽管此后在与吕布的斗争中一度受挫,但至公元195年又在兖州站稳脚跟,进而向河南地区发展。

自曹操带着皇帝到达许都后,他自封大将军,专掌朝政。由于他挟天子以令诸侯,所以政治上他的势力胜过任何人。另一方面他又把好多有才能的将士名人招募到自己的麾下,来扩充自己的军事力量。此外,还用皇帝的名义发布号令,光明正大地铲除异己,因此曹操的势力达到了空前鼎盛的阶段。

面对统治区内极其严重的经济问题,曹操采用枣袛、韩浩的建议,在许都实行屯田,这样就保证了流亡农民的生活条件,使他们免于饥饿,同时也为国家收获了大量粮食,加快了统治区的建设,为曹操统一北方和进兵江南打下了良好的经济基础。在实行屯田的同时,曹操还不停止对其他势力用武。建安二年(公元197年),将淮北地区从称帝的袁绍手中夺走。次年,又占领了吕布占据的徐州。建安四年（公元 199 年），攻占张绣所在的南阳地区。

至此，曹操控制了黄、淮中下游的广大地区。当时能和曹操抗衡的是袁绍，袁绍消灭了占据幽州的公孙瓒，加上冀、青、并三州，精兵人数达十多万，他决定乘胜追击，一路南下，直捣曹操所在地，推翻东汉王朝，建立属于自己的王国。对于袁绍军的到来，曹操不曾畏惧，虽然知道自己的实力不如人家，但他很清楚对方军队的弱点，相信自己仍可以战胜对方。

建安四年（公元 199 年）八月，曹操进军黎阳，先将能威胁到他东北翼的青州刺史、袁绍长子袁谭的军队赶到了黄河以北；九月，集中兵力在官渡和袁军对峙。建安五年（公元 200 年）正月，又打败叛曹而据徐州的刘备，消除了曹军的后顾之忧，然后就集中军力和袁军争战。白马会战时，袁军的颜良、文丑两员大将被曹军所杀，大大挫伤了袁军的气焰。

官渡之战时，双方兵力相差悬殊，袁军有十万左右，而曹军只三万左右，且袁军粮草充足，有明显的优势，但袁绍不听取谋士的建议，急于求成，攻打曹军营垒，而曹军拼死抵抗，袁军进退两难。这时曹操暗中另派军队去烧了袁军所有的粮食和运粮车，断了他的后援，战士们一听粮食没了，乱了军心。战况突下，以失败告终。袁绍的大将为了保命纷纷投奔曹操，袁绍只好带着儿子袁谭仓皇出逃，丢下的大量军资财物自然成了曹军的战利品。这就是史上著名的以少胜多的战例——官渡之战。自袁绍后再没有可以和曹操抗衡的力量，这为曹操统一北方奠定了基础。

官渡之战只是曹操实现霸主梦计划中取得的一个阶段性的胜利。紧接着在建安六年（公元 201 年）又打败了豫州牧刘备一军，迫使刘备南逃去投靠荆州牧刘表。俗话说"斩草要除根"，曹操深知这个道理，自建安七年（公元 202 年）至建安十二年（公元 207 年）的六七年间，曹操不断对袁绍的残部用兵，于建安九年（公元 204 年）五月，直捣袁家的老巢邺城。袁家的老巢被攻后，曹操安居在邺城，自封魏公，再为晋魏王，全力经营北方。次年春，又杀死了降而复叛的袁谭，平定青州和冀州。公元 205 年，占了幽州。公元 206 年，攻破并州，杀了并州刺史和袁绍的外甥高干，因此曹操的领地又多了幽州与并州两地。公元 207 年，曹操打败袁绍的同伙乌桓，然后接回被抓走的十多万汉人，把乌桓带到内地和汉人一起住，让乌桓组成了自己的一支骑射队，紧接着又进军辽东，命辽东的公孙渡杀了前来投奔的袁绍之子袁尚和袁熙，并向曹操臣服。这样就完成了他统一北方的大业。

就在曹操春风得意之时，又出现了一个对手，也是历史上非常著名的一个人物——刘备。

刘备，字玄德，涿郡涿县人，是西汉景帝子中山靖王刘胜的后代。

到了刘备这一代，已经没有贵族身份了。父亲去世得早，家境贫困，他不得不卖席谋生计。青年的时候靠别人的资助，在卢植门下求学，因为擅长交际，就组织了一批人参加镇压黄巾军的战斗，他的艰难创业活动也是从这里开始的。他先借公孙瓒的力量当了平原令、平原相，感觉没有前途，就又依附徐州牧陶谦，让他代自己从朝廷那儿讨了个豫州刺史的空头衔。陶谦死后，其部下按陶谦的遗嘱，将他拥为徐州牧，自此刘备才有了属于自己的一方土地。但因为吕布的攻击，刘备终没有守住此地，转而投奔曹操。曹操杀了吕布，他随曹操到许都，被封为左将军，期间曾参与董承谋杀曹操的计划，但没有实施。公元199年冬，他随曹操北上攻打袁绍，被安排到徐州堵拦袁术北上的军队。当时董承因密谋泄露被杀，刘备难逃牵连，就干脆造反，曹操派主力抗击刘备所在的小沛和下邳，刘备只得去找青州的袁谭。此时，汝南黄巾军刘辟部再度起义，袁绍就建议刘备和刘辟联合抗曹，刘备到汝南后，开始独立活动。曹操在官渡之战打败袁绍后，就开始把矛头指向刘备，刘备战不过，于是南投荆州牧刘表。

刘表字景升，山阳高平人，鲁恭王的后代。少时成名于世，与七位贤士并称"八俊"。先后任北军中候、荆州刺史等，后又抗击曹操，是曹操劲敌之一。

刘表掌握着长江中游荆州八郡，地域辽阔，将士众多，是曹操之外的另一大势力集团。他对刘备的到来表示欢迎，拨给他一支军队，让他屯居于新野（今属河南），这一待就在荆州的北边待了八年。期间，他不断结交各方豪强，礼贤下士，从各方面扩充自己的综合实力，为以后的发展奠定良好的基础。公元207年，刘备采纳谋士徐庶的建议，三顾茅庐，请出隐居隆中的诸葛亮做军师。这使刘备的创业进入了一个崭新的阶段。

诸葛亮字孔明，人称卧龙，汉末徐州琅琊阳都县（今山东沂南县）人，父诸葛珪曾为泰山郡丞，叔父诸葛玄为当时名士。诸葛亮早年不得志，不为志向所屈，故结庐于隆中。公元207年，思贤若渴的刘备三顾茅庐，请诸葛亮出山，这使诸葛亮开始了他的军师、政治家之路。

诸葛亮在隆中见到刘备之后，就像等待已久的千里马遇见了伯乐一般，他先是给刘备分析了下当今的局势，然后又提出了许多战略措施，这就是著名的"隆中对"。主要内容是，曹操已经在北方建立了较稳定的统治，不能和他正面冲突；孙权在长江下游的政权也已历经了几代，国家地势险峻难以攻克而百姓又拥戴他，可以作为合作的对象；只有荆州和巴蜀的统治者刘表和刘璋都是没有实力的人，可以把他们的地盘抢过来，用作创业的基础，好好经营，一旦天下有变，就让荆州的军队去攻打宛、洛；益州的军队去秦川，复兴汉朝。刘备听后感觉所言极是，之后就在诸葛亮的辅佐下一步步实施商讨的计划，逐渐成了曹操、孙权之外的又一股强大的势力。

在东汉时期，人们习惯把长江下游称为江东，孙氏父子经过两代人的拼搏，在这里成就了一番事业。

孙坚（公元155—191年），字文台，吴郡富春（今浙江富阳）人。原是郡县小吏，勇谋过人，曾是吴郡的假尉。后随朱俊镇压黄巾起义，因有功劳，被升为别部司马。公元188年，任长沙太守。在镇压长沙、零陵、桂阳等地的农民起义后，被封为乌程侯。董卓专政后，孙坚加入讨伐董卓的队伍，自长沙率军北上。途中攻克南阳，被袁术任命为破虏将军，带着豫州刺史，驻军鲁阳，连续进军董卓，杀了他的都督华雄。董卓去关中后，他奉袁术之命攻打刘表，在襄阳城被刘表部将黄祖的士卒所杀。

孙策（公元175—200年）字伯符，孙坚长子。少年时就广结豪杰，与周瑜等人建立了生死相交的友好关系。孙策先投奔袁术，得不到重用，就去江东发展，不久就统一了江东各郡县。他自称会稽太守，任命亲信部下为其他郡守，又用张昭一班人为谋臣，建立了比较稳定的割据政权。公元197年，袁术即位。孙策和他公开绝交，声明支持汉献帝为首的东汉朝廷。这让曹操甚是欢喜，于是给他封了个"讨逆将军"的名号，并称其为吴侯，承认了他在江东的地位。公元200年，孙策被刺客所杀，临终交代张昭等东吴及手下要辅佐其弟孙权，延续江东的势力。同时归附孙权的鲁肃建议对曹操采取守势，巩固江东的同时向长江中游的荆州扩张，在江南建立自己的基业。

孙权（公元 182—252 年），字仲谋，孙坚次子。在接替其兄孙策手中的江东时，他已拥六郡之地，但内部仍动荡不安。不仅境内的一些少数民族不服，下属也有逆反之心。孙权上台初期，就集中精力整顿内乱，用武力对付不听调遣的李术，全面加强对郡县的控制。此外任命张昭、周瑜、程普、鲁肃、诸葛瑾等大臣担任重要职务，组成了核心领导团队。接着对少数民族不断用兵，杀其头领。或强迫其民迁至平原，和汉人同居谋生；或实行屯田，让其百姓从事农业生产。经过大约四十年的努力，山越人几乎融入汉族生活。孙权对山越人的征服虽然缺少人性化，但也有着积极的影响：既巩固了孙氏在江东的地位，扩大了军事和财政的同时，又促进了民族间的融合和对江南地区的开发，为后来南朝的经济繁荣创造了条件。同时，孙权还积极向外扩张，同刘表所在的荆州最东边的江夏郡不断进行争战。自公元 199 年至公元 208 年，孙策、孙权不断同江夏太守黄祖进行激战，最后杀死黄祖，占领了江夏。将目标转向长江中游。到赤壁之战前，以孙权为首的东吴集团已经成了仅次于曹操的另一大割据势力。

曹操平定乌桓，完成了他统一北方的大业后，于次年七月，开始攻占刘表的荆州，意欲渡江吞并东吴，完成霸主之梦。而杀了江夏太守黄祖的孙权也想攻取荆州，一统天下。同时按诸葛亮计划实施的刘备，第一个目标也是夺取荆州。这样，荆州就成了三方交战的导火线。

曹操正进军呢，对手刘表死了，其子刘琮继位。生来懦弱的刘琮拱手将襄阳让给了曹操。就这样，曹操不费一兵一卒就取得了阶段性的胜利。刘备一听慌了，带着百姓都赶紧逃，在阳长坂，刘军被曹操打得伤亡惨重，最后同关羽等人退守夏口，后又一退再退，荆州所辖的江北郡县尽归曹操的囊中。

有了荆州后，曹操的气焰更嚣张了，意图使孙权不战而降，孙、刘两家眼看曹操的数十万大军就要来了，必须联合才不至于被击垮。于是鲁肃出面，诸葛亮去会见孙权，无非是告诉他：目前的形势，只有我们两家联合起来才能保命并将其击败。孙权听后觉得确实有理，就命周瑜等人率军三万，和刘备的人马在赤壁会和同曹军作战。由于曹军不擅水战，用铁索将船都连了起来。周瑜采纳黄盖的建议，一方假意投降，一方又命人将载有物资的大船靠近曹军，在附近点火，瞬间曹军被烈火包围，烧死溺死者无数。曹操逃至南郡，才稳了阵脚。次年，周瑜夺回江陵。

受重创后的曹操不得不承认，孙、刘都是不好招惹的，于是转移了战略目标，于公元 211 年春，用离间计杀掉了韩遂，并使马超被迫出逃。同时，又控制了关中和陇右。不久汉中被刘备夺去，这延迟了他南下益州、拥有巴蜀的计划。

刘备自赤壁之战后，势力得到了快速的发展。虽然和孙权合作，但终有矛盾的一天，刘备、诸葛亮认识到孙权不可能见自己一直势力强大，所以就打起了益州的主意，而此时益州牧刘璋正有心和刘备合作，共伐曹操，所以邀他入蜀，但发现他真正企图后，双方打了起来，最后刘备获胜，刘璋投降，让出了益州的统治权。慢慢地，在诸葛亮的辅佐下，刘备步步为营。

孙权和刘备的关系日渐恶化，两人因荆州领地该由谁掌管的问题发生了分歧。

建安二十四年（公元 219 年），刘备头脑一热，亲自率兵攻取汉中，而曹操怂恿孙权去袭取荆州，孙权命部将吕蒙，擒杀了兵败的关羽。荆州四郡成了孙权的战利品，刘备不服反战，却在次年被孙权的部将陆逊打败，在逃亡的路上死于白帝城。

另一边，曹操逝世之后，其子曹丕称帝，建国号魏，东汉灭亡。次年，刘备称帝于成都，建国号汉。公元 229 年，孙权称帝，国号吴。三国鼎立的形势完成。

曹操凭借过人的本领，一步步走上了当权者的地位，所有人都看在眼里，知道皇帝只是个傀儡，大臣及身边的人多次劝他直接当皇帝得了，但他有自己的想法，认为当初既然接了皇帝到自己的所在地，顺了天下百姓的意，如今不能反悔，给世人一个谋反的形象，就是演戏也要把它好好演下去，演完为止。期间还有"禅让"这一小插曲，无非就是做做样子，大臣一边不断上书逼汉献帝下位，一边力劝曹丕接受帝位，而曹丕和他父亲一样聪明，装作一副很不好意思的样子。就这样，汉献帝不停地下诏禅让帝位于曹丕，而曹丕又不断地拒绝禅让，最后实在是被献帝的"自愿"打动了就接受了。

这场禅让标志着历时 195 年的东汉王朝正式灭亡。

局势分析

曹操是一个比较有野心的人，从他当初接汉献帝回许都就能看出他的用意，后来他又利用职权，不断加强自己各的实力，等时机一到就开始铲除异己，不断向外扩张。他像董卓一样，会抓住每一个机会，然后摇身一变，从一个小小的军阀变成掌握一国之政的头目。

他善于用人，当初手下建议他接回汉献帝，为他当上一方霸主起到积极的推动作用，可见他的手下比较有远见，而他也善于用人，愿意虚心听取别人的建议。有人称曹操是把黄袍当内衣来穿的人，所有的人都知道他掌握着国家大权，皇帝一直以来不过是个傀儡，身边的人多次暗示他，让他取皇帝而代之，而他却不想给天下百姓留下一个篡位的罪名。曹操想做又拘于现实约束不能做的事，留给了他儿子。等他死后，他的儿子和一帮大臣设计了一出"禅让"的闹剧。至此，东汉王朝正式覆灭。

说点局外事

一年夏天，曹操率军讨伐张绣。途中天气热得出奇，没有一丝风，人马路过山间时，正值中午，阳光穿过茂密的丛林晒得人大汗淋漓，将士们口干舌燥，没有一点力气。曹操见此情景，问身边的向导：附近是否有水源。向导告诉他要找到水源还得走很远的路，曹操担心这样下去会延误军机，得想个方法鼓舞军心，突然他看到前面不远处有一片小树林，于是他就骑马跑到部队最前面，告诉大家："大家停一下，听我说，前面不远处有一片梅子林，里面的梅子又大又解渴，我们过了这个小山丘就能吃到梅子了。"士兵们一听士气大振，仿佛已经吃到了酸甜可口的梅子，行军的速度也变快了。